그림과 사진으로 풀어보는
AK Trivia Book 43

중세 유럽의 생활

가와하라 아쓰시 · 호리코시 고이치 지음 | 남지연 옮김

AK TRIVIA BOOK

목차

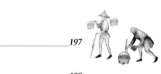

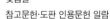

☙ 로렌체티 작, 「선정과 악정」 시청사 회합장.

서장 중세 유럽의 세계-농촌과 도시

이탈리아 토스카나 지방의 도시 시에나의 시청사 회합장Sala dei Nove, 9인 정부의 방 벽면에는 화가 암브로조 로렌체티Ambrogio Lorenzetti (1290?~1348)가 14세기 전반(1338~39)에 당시 노베Nove, 9인 정부의 의뢰를 받아 그린 프레스코화가 오늘날까지 전해지고 있다. 이 유명한 프레스코화 「선정과 악정Allegoria ed effetti del Buono e del Cattivo Governo」은 도시(자치체)가 실시한 선정과 악정이 각각 도시와 그 주변 농촌에 미치는 영향을 우의寓意적, 구상적으로 묘사한 귀중한 작품이다.

시청사 회합장 서쪽 벽에는 '악정의 비유'와 '전쟁'(『악정의 효과』)이 그려져 있고, 동쪽에는 '선정의 비유'와 '평화'(『선정의 효과』)가 그려져 있다. '선정의 효과' 속 장면은 평화와 정의로 가득한 도시 시에나의 풍경이다. 발코니 달린 3, 4층짜리 건물과 탑이 밀집해 늘어선 시가지 풍경 전면에는 왼쪽으로 결혼식 행렬이 보이고, 건물 앞에서 오락을 즐기는 남자들이 있다. 오른쪽 앞으로는 원을 그리며 춤을 추는 여인들이 그려졌고, 그 오른쪽 뒤 건물 안에 구둣방, 학교(수업하는 교사와 학생들), 와인과 소시지 상점이 보인다. 춤추는 여인들의 원 안쪽 건물에는 양복점과 금 세공사의 작업장, 장부를 기입하는 상인, 말을 탄 귀족이 있다.

　오른쪽의 와인과 소시지 상점에서 오른쪽 안으로 더 들어가면 달걀 바구니를 든 농민이 땔감을 실은 가축과 함께 걷고 있다. 그 바로 앞에 양 떼와 개를 거느린 양치기가 마을 밖을 향해 걸어가는 한편, 식료품 바구니를 머리에 이거나 닭을 끌어안은 농촌 여성들은 반대로 시내 쪽으로 들어오고 있다. 안쪽에서는 양털을 노새에 실어 운반해온 농민이 거리의 직물 작업공방에 막 도착한 참이다. 또한 배경 건물의 옥상에서는 건축 직인이 수리 작업을 하고 있다.

　도시의 문은 열려 있어 말을 타고 사냥을 나가는 일행과, 반대로 돼지를 몰고 오는 농민이나 노새에 양털을 싣고 찾아오는 사람들이 서로 엇갈린다. 언덕이 이어지는 도시 교외의 너른 풍경 속에는 다양한 노동에 힘쓰는 농민들의 모습이 묘사되는 동시에 황금색으로 빛나는 밀밭과 올리브나무들, 잘 정리된 밭이 펼쳐지고, 화면 오른쪽 앞으로는 흐르는 강과 빨간 벽돌로 만들어진 훌륭한 아치형 다리, 그리고 그것을 건너는 짐 실은 노새 일행이 보인다.

시문市門 위에 뜬 여성의 의인상擬人像은 '안전'을 표현하는 것으로, 손에 든 두루마리에는 다음과 같은 글귀가 적혀 있다.

모두가 걱정 없이 자유롭게 거닐고, 일하고, 씨를 뿌린다. 이 도시가 이 여성('안전')을 권위의 자리에 머무르게 하는 동안에는. 왜냐하면 그녀는 사악에게서 모든 권력을 빼앗기 때문이다.

이 '선정의 효과'는 악정과 전쟁 탓에 황폐한 도시, 메마르고 위험한 주변 농촌의 모습을 묘사한 반대편의 '악정의 효과'와는 대조적으로 빛과 색채로 가득한 밝은 도시와 그 주변 농촌 세계를 그린 것으로, 아무 위협 없이 안전하며 평화와 예지叡智로 충족된 이상적인 도시 공화국 시에나의 바람직한 모습을 나타내고 있다. 도시 안 건물 배치의 작위성, 밭의 풍경이나 농작업이 사계의 구별을 불문하고 전부 그려진 것 등을 보면 알 수 있듯이 이 프레스코화는 물론 도시 시에나와 그 주변 세계를 완전히 사실적으로 모사하지는 않았다. 그러나 우의적인 묘사 속에서도 사람들의 복장이나 건물, 길의 모양새, 나무와 동물들의 모습 등 중세 유럽(이탈리아) 세계의 모습을 우리에게 잘 전해준다고 할 수 있다. 이 프레스코화가 그려진 14세기 전반, 현실 속의 토스카나 지방은 기근과 전쟁의 위협에 시달리고 있어, '선정의 효과'에 묘사된 이상과는 거리가 멀었던 것을 생각하면, 화가의 붓이 그려낸 것은 도시 시에나의 정부가 실현하려 했던 이상적인 모습의 세계였을 것이다.

그렇다면 실제로 중세 유럽 사람들이 살았던 세상은 어떠한 것이었을까. 이제부터 중세 세계 공간 구성의 중심을 이루던 농촌과 도시 본연의 모습과 사람들의 생활상을 살펴보기로 하자.

제1부에서는 우선 당시 유럽 인구의 대부분이 살았던 농촌 세계를 조명하고자 한다. 13세기 도시의 사회경제적 발전이 특히 절정에 달하여, 대학 창설이나 탁발수도회(프란치스코회와 도미니코회 등) 전개로 대표되는 사회 전체의 변화가 일어나기까지 유럽 사회는 농촌을 중심으로 움직이고 있었다. 그 농촌도 13세기 중에 중세 농촌으로서 완성된다. 그리고 18세기 산업혁명이 시작되기

🌿 「선정의 효과」중에서 '농촌' 부분.

까지 농촌은 큰 변화를 겪지 않았다.

　제2부에서는 도시 세계를 조명하려고 한다. 도시는 12세기 이후 지역 거점으로서 성장하여, 왕후귀족의 영역 지배 속에서 상공업자를 중심으로 농민과 함께 '일하는 자'라고 하는 제3신분을 형성해가게 된다.

　마지막으로 제3부에서는 농촌과 도시 사람들의 일상생활 양상에 대해, 달력과 의식주의 모습 등을 정리하여 논할까 한다.

제1부
농촌의 생활

✤ 보리 씨앗을 뿌리는 농민. 잉글랜드에서 제작된 사본 삽화. 13세기 초. 이탈리아, 이몰라 시립도서관

중세 유럽 인구의 8할에서 9할을 차지했다는 농촌 사람들의 생활은 어땠을까?

10세기 말 이후 유럽의 농촌은 프랑크 시대의 정체기를 벗어나, 중세 농업혁명이라고도 불리는 기술 혁신을 거친 결과 밀 등의 생산이 증대했다. 동시에 이전까지 농민에게 부과되었던 장원에서의 부역노동이 수확물이나 화폐를 납부하는 소작료 형식의 연공年

貢으로 바뀌게 된다. 또한 마을이라는 자치공동체가 탄생하여 자치도시와 마찬가지로 자립된 사회생활을 영위하는 경우도 많아졌다. 도시의 사회경제적 발전이 본격화하여 대학 창설과 탁발수도회 발전으로 나타나듯 13세기 유럽 사회 전체의 중심이 도시로 이동하기까지 유럽 사회는 농촌을 중심으로 운영되었던 것이다.

하지만 그 후로는 농촌도 도시를 중심으로 하는 화폐경제와 분업의 물결에 휩쓸려간다. 농촌에서 도시로는 곡물과 채소, 유제품 등의 식료와 양모, 아마 등의 수공업 원료가 운반되었고, 도시에서 농촌으로는 도시에서 생산되거나 도시를 경유해서 수입된 수공업 제품이 이동했다. 이렇게 도시경제의 활성화 결과 농촌은 그 네트워크에 편입되어가게 된다. 이러한 농촌의 상황은 18세기에 산업혁명이 시작되어 사회경제 전체의 구조가 근대 자본주의하에서 재편성된 뒤에도 크게 달라지지 않았다.

앞으로 제1장에서는 농민의 생활 터전인 마을 자체가 거쳐온 역사를 고찰하며, 고대 로마 시대의 농장과 16세기 이후 근세 농촌의 틈새에 위치한 중세 농촌의 특징을 밝힐 것이며, 제2장에서는 농촌에 살던 사람들의 사회적 지위와 법적 신분 상태의 변천을 더듬어보고자 한다. 봉건 영주에 의한 지배 관계가 주축이지만, 농민들이 가진 뜻밖의 생명력도 명확해질 것이다. 제3장에서는 마을과 농가가 놓여 있던 환경과 공간에 대해 정리하고, 마지막 장에서는 농촌에서 영위하던 생업에 대해 농업과 함께 목축, 어업, 수공업, 상업 등도 설명할 것이다.

✦ 농사력農事曆에 그려진 중세 농촌의 열두 달. 왼쪽 위에서 오른쪽 아래로 12개월이 배열되어 있다. 14세기 초, 페트루스 데 크레센티스Petrus de Crescentiis가 집필한 농서 「농촌 수익의 서Liber ruralium commodorum」의 사본 삽화(1460~1475), 프랑스 콩데 미술관.

  그 밖에 농촌의 집들, 농민의 식사와 의복, 일생, 가족, 종교 생활 등에 대해서는 도시민의 경우와 더불어 제3부에서 논하고 싶다.

제1장 중세 농촌의 탄생

1. 기원 1000년까지의 유럽 전원 지대

농촌이란 농업에 종사하는 농민의 거주지이다. 고대로부터 중세에 걸쳐 정주지定住地로서는 물론 농가의 건물로서도 그 형태에는 몇 차례 커다란 변화가 있었다.

최초의 변화는 기원전 1세기 이후, 로마인이 라인 강 이남 지역을 속주 갈리아로서 지배하던 시기에 찾아온다. 그 이전 철기 시대 서유럽의 전원 지대에는 크기와 형태의 차이는 있어도 흙을 개어 바른 벽과 초가지붕으로 이루어진 목조 오두막이 불규칙하게 산재해 있었으나, 로마인의 진출이 활발해진 기원 1세기경부터 빌라Villa라고 하여 원래 도시 주민인 로마인들의 별장과 같은 대농장이 전원부에 다수 세워지기 시작한다.

이러한 빌라 건물은 현존하는 예가 없지만, 석조 본채를 중심으로 하는 빌라의 토대 부분 유적은 각지에 여럿 남아 있으며, 특히 북프랑스 피카르디Picardie 지방에서는 항공사진을 통한 조사로 그 전체상이 분명히 드러났는데, 큰 빌라의 경우에는 긴 변이 200m를 넘는 직사각형 부지 안에 본채에 해당하는 주거가 안쪽에 자리 잡고, 그 앞으로 중정을 낀 좌우에 농장 건물이 늘어서는 형식의 것이 1,000헥타르에 하나 이상이라는 높은 밀도로 분포되어 있었다. 이들 조사를 통해 소규모 빌라라도 100헥타르 이상의 경작지

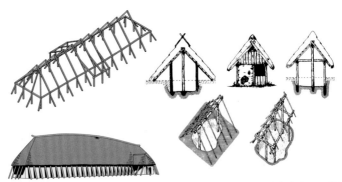

☙ 중세 초기도 포함하여 유럽 북부에서는 너비가 십수 미터에서 30미터에 이르는 대형 배 모양 직사각형 건물이 나타났던 것과 달리, 중앙 유럽과 현재의 프랑스에는 바닥 면적 십수 평방미터짜리 소형 사각 건물이 많았다. 두 경우 모두 지붕이 지면까지 뻗어 기둥과 함께 건물을 지탱하는 구조가 많다. 크기의 차이는 핵가족인가, 복수 세대나 방계 친족이 동거하는 대가족인가 하는 가족 구성의 차이를 반영한 것일까. (오른쪽)바렌도르프(독일, 노르트라인베스트팔렌 주)의 배 모양 건물 골조와 이 종류 건물의 일반적 복원 상상도. (왼쪽)글라트바흐(독일, 라인란트팔츠 주)의 소형 주거. 7~8세기 경.

를 경영하는 대규모 농장이었다는 사실과 더불어, 그 사이에 극장이나 신전 등이 뒤섞여 있었던 로마 속주의 도시적 전원 풍경을 떠올릴 수 있게 되었다.

　그러나 3세기 말부터 북방 게르만 민족의 남하가 본격화하면서 이들 빌라는 차츰 방치되어갔다. 그리고 5세기 말 메로빙거 왕조 프랑크 왕국 시대에 접어들자 농촌은 일거에 침체기에 빠진다. 더 이상 석조 농가는 찾아볼 수 없게 되었고, 평면적 10평방미터에도 미치지 못하는 목조 오두막이 산재할 뿐이었다. 농가의 규모로 보면 로마 시대 이전보다도 더 작아진 것이다. 이러한 농가에 사는 농민은 각자가 속한 영주에게 개별적으로 연공을 바칠 뿐, 정주지

♣ 3세기의 모자이크에 묘사된 고대 로마 시대의 농경 풍경. 가장 위에서는 소가 바퀴 없는 쟁기를 끌고 있다. 튀니지 바르도 국립박물관

의 사회적 조직으로서 마을이라든가 촌락 공동체라 부를 만한 지연적 집단은 아직 생겨나지 않은 상태였다.

8세기 중반에 성립한 카롤링거 왕조 프랑크 왕국 시대가 되면, 장원(이 시대의 빌라는 '장원Manor'이나 '고전 장원Classical manor' 등으로 번역된다)이라 불린 소령所領에 관한 고문서 사료가 라인 강과 센 강 사이에 낀 지역에 산재한 카롤링거가의 왕령이나 유력 수도원령과 같은 당시 가장 선진적이던 소령에 관한 것으로 한정되어, 그 이외의 농촌에 대해서는 잘 알 수 없다. 하지만 이러한 일부 혜택 받은 대장원도 포함하여 농가의 규모는 메로빙거 왕조에 비교하면 다소 커지기는 하나, 목조 오두막으로 이루어진 소규모 농가가 산재한다는 전원

♣ (왼쪽)로제 아가슈의 항공사진을 이용한 연구로, 프랑스 피카르디 지방의 로마 시대 빌라의 농밀한 분포가 밝혀졌다. 그 예 중 하나인 프랑스, 솜 주 메지에르 앙 상태르에 있는 빌라 유적의 항공사진.
♣ (오른쪽)프랑스, 발두아즈 주의 루브르에서 복원 전시되고 있는 메로빙거 왕조 시대의 농가. 땅을 파고 세운 기둥에 토벽, 초가지붕으로 이루어진 작은 오두막이다.

풍경에 큰 변화는 없었다.

　당시 장원에 흩어져 살던 농민은 일주일에 3일 정도 영주의 직영지에서 농작업을 해야 했으며, 집 주변에서 채원을 가꿔 자활할 것이 요구되었다. 또한 아직 도시에서의 수공업 제품 생산과 상거래가 발달하지 않았던 이 시대에는 영주라도 식료뿐만 아니라 의류, 도구류에 이르기까지 필요한 것 대부분을 농민들의 부역노동으로 만들게 하는 자급자족 상태에 놓여 있었다. 농민이 거주하는 마을이 아닌, 영주가 경영하는 장원이라는 이 집단 안에서 농민이 행하는 부역노동이 영주를 포함한 주민 전체의 생활을 지탱했던 것이라 할 수 있다.

2. 중세 농촌과 촌락 공동체의 형성

그러한 서유럽 농촌 지역의 침체 상태를 깨뜨리는 대변화는 11세기에 시작된 중세 농업혁명이 기폭제가 되어 일어났다. 그리고 그에 따른 일련의 변혁 결과 13세기가 되면, 현재까지 이어지는 농촌의 형태가 갖추어졌다.

거기에는 우선 바퀴 달린 중량 쟁기의 도입을 토대로 하는 중세 농업혁명이 있었다. 프랑크 시대까지는 고대 로마 이래의 바퀴 없는 소형 쟁기가 사용되었으나, 그것으로는 지중해 연안 지역보다도 북쪽의 습윤하고 무거운 토양을 충분히 갈 수 없었다. 11세기 이후, 그것

⚘ 중세의 바퀴 달린 중량 쟁기는 경작기구 구조로서는 19세기의 쟁기와 거의 형태가 다르지 않다. '바이외 태피스트리'에 수놓아진 바퀴 달린 중량 쟁기와 써레. (11세기) 프랑스, 칼바도스 주 바이외, 기욤 르 콩케랑 센터

⚘ 철제 날을 단 괭이와 삽을 이용하여 포도나무 주변을 일구고 있다. (1260). 프랑스, 브장송 시립도서관

🍃 프랑스 에로 주 몽타디의 늪지 간척지. 13세기에 건설된 방사형 배수로는 토지의 경계를 겸하고 있어 독특한 경관을 형성하고 있다. 배수로를 거쳐 중심에 모여든 물은 1,400m 길이의 지하수로를 통해 근처 호수에 방출되었다. 이 덕분에 토지 420헥타르가 창출되었다고 한다. (저자 촬영)

🍃 13세기의 수차와 풍차. (브뤼셀, 벨기에 왕립도서관)

🍃 많은 아이들이 피리 부는 사나이에게 끌려가 행방불명되었다는 '하멜른의 피리 부는 사나이' 전설은 1284년에 실제로 일어난 역사적 사실이지만, 그 이상의 내용은 알 수 없다. 그러나 아이=젊은이들은 동방식민 때문에 끌려갔다는 것이 유력한 가설의 하나이다. 1300년경에는 존재하였으나 17세기 파괴된 하멜른 마르크트 교회의 스테인드글라스를 1592년에 모사한 것으로 현존하는 가장 오래된 피리 부는 사나이 수채화.

을 가능하게 하는 바퀴 달린 대형 중량 쟁기가 나타나고, 그것을 끄는 가축으로서 소를 대신하여 농경마를 사용하게 된 결과 북쪽의 무거운 토양을 보다 빠르고 깊게 경작할 수 있게 되었다. 동시에 카롤링거 시대에 일부 장원에만 알려져 있었다는 3년 윤작을 마을 전체의 공동 작업으로 행하기 시작했다. 이것은 훗날 '삼포제三圃制'라 불리게 되는 농업 경영 시스템으로, 13세기 이후 이것이 보급되자 근대에 필적하는 농지의 효율적 이용이 실현되었다.

거기다 12세기경부

⚜ 레콘키스타 시대의 이베리아 반도. 붉은 선이 레콘키스타의 진전을 나타낸다.

터는 수도원령 등에서 철 생산에 관한 기록도 나타나게 된다. 늦어도 이 무렵까지는 철 생산이 확대되어 바퀴 달린 중량 쟁기의 날과 함께 낫, 삽, 도끼 등의 농구에도 철을 사용하게 되었다고 여겨진다.

이에 따라 극적으로 상승한 것이 밀, 보리 등 곡물의 수확률이다. 10세기까지는 2~4배 정도에 그쳤으나, 조건이 좋은 북프랑스 등지의 밭에서는 7~8배까지 달하여 농업 생산력은 그야말로 비약적으로 향상되었다. 11세기 이후 서유럽 각지에서 제분용 수차의 수가 증가하는데, 이는 곧 곡물의 증산을 의미한다.

이렇게 식량 사정이 개선된 결과 인구도 증대했으며, 증가한 노

⚜ 15세기의 전원 풍경. 쟁기를 이용한 보리밭 경작과 파종, 포도밭 가지치기, 휴한지에서의 양 방목이 그려져 있다. 『베리 공작의 매우 호화로운 기도서』 중 3월 장면. 1415년경제작, 콩데 미술관

동력은 새로운 농지의 개간에 쓰였다. 11세기 이후의 대개간운동이라 불리는 움직임 속에서는 우선 서유럽의 기존 농촌과 인접한 공간이 농지화되었고, 더불어 그때까지 사람이 살지 않던 숲과 늪지, 하구와 해안의 얕은 여울이 새롭게 개척되었다. 12세기에 전성기를 맞은 후자 타입 개간의 경우 본래 숲 등을 소유한 영주가 주도하는 조직적 개간사업이 많았는데, 그 전형이 독일 동방식민운동Ostsiedlung이었다. 한편 이베리아 반도에서도 이슬람교 세력의 지배 지역에 대한 재정복운동인 레콩키스타Reconquista가 진행되는 가운데, 전사와 동시에 농촌부를 개척하고 그곳에 정주할 농민이 요구되었다. 때문에 많은 프랑스 농민이 이베리아 반도에 정주하면서, 역으로 프랑스 서남부 개발이 좀처럼 진전되지 않을 정도였다.

그리고 이들 개간사업에 필요한 노동력을 확보하기 위하여, 이주자가 되는 농민들에게는 이전보다 경감된 노동과 개선된 신분 조건이 주어진 점도 중요하다. 그곳에서는 영주 직영지에서의 부역노동 대신 수확 일부를 연공으로 납부하는 것이 일반적이었다. 이 점은 농민 각자의 경영의식을 높이고 생산의욕을 자극했을 것이다. 한편 기존의 서유럽 농촌에서도 노동력을 확보하기 위해서는 농민에게 개간지와 동일한 우대 조건을 제공할 수밖에 없었다.

북프랑스에서 널리 교부되었던 신촌건설증서에는 그와 같은 내용이 포함되어 있다. 독일에서는 판고록判告錄, Weistum이라 불리는, 마을의 관습적 권리를 확정하는 문서가 마찬가지 역할을 했다. 동시에 후술하듯이, 마을에 주어진 이들 법문서에서는 촌락 공동체

♣ 셰익스피어의 출생지 스트랫퍼드 어폰 에이번 교외의 크림스코트(잉글랜드, 워릭셔)에 남아 있는 개방경지제 구획과 바퀴 달린 중량 쟁기로 경작된 이랑 흔적. 1953년 5월에 촬영된 항공사진.

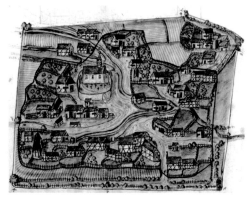

♣ 1575년경 호이도르프 마을(메스키르히 교외, 독일, 바덴뷔르템베르크 주)의 모습. 이 주위로 보리밭이 펼쳐져 있었다. (Wikipedia Deutsch, Heudorf bei Meßkirch)

로서의 자치권도 규정하고 있다. 이처럼 13세기까지 영주에 대한 농민의 입지는 개인은 물론 촌락으로서도 강화되어갔다.

한편 촌락 공동체라는 단체의 형성은 농업 생산의 발전을 위해서도 불가결했다. 농가가 바퀴 달린 중량 쟁기와 농경마를 각자 개별적으로 소유하는 것은 비용과 사용 시간 양면으로 비현실적이며, 오히려 마을 전체가 이들 장비를 공동 소유하고 마을의 공동 작업으로서 삼포제에 의해 곡물을 재배하는 편이 유리하다는 사실은 당시 사람들도 깨닫고 있었을 것이다. 11세기 이후 유럽의 전원부에는 마을 전체의 경작지를 구획 정리하여 셋으로 나누고, 마을 사람 전원의 공동 작업을 통해 이를 경작한다는 개방경지제開放耕地制가 보급되어갔다. 거기서 농민은 세 구획 각각에 가늘고 긴 이랑 형태로 자기 몫의 땅을 보유하며, 그곳에서 나는 수확물을 손에 넣었다.

삼포제에서는 가을에 파종하는 밀과 호밀밭, 봄에 파종하는 보리밭 외에 휴한지를 마련하여 가축의 공동 방목지로서 마을 전체의 가축을 사육했다. 비료가 적은 당시에 가축이 남기는 배설물은 지력 회복을 위한 귀중한 자원이었다. 이 같은 형태로 곡물 재배와 목축의 양립이 실현된 것은 고대에는 찾아볼 수 없던 중세 유럽 농업의 특징이다.

삼포제가 시행되자 밭 안에 농가가 산재해 있어서는 효율이 떨어졌기 때문에, 농가는 마을 중심가와 교회가 있는 광장 주변으로 모여들게 된다. 이렇게 집촌이 형성되고 촌락 전체의 농작업이 공동으로 이루어지게 되면서 농작업에 관한 촌민의 개인적 자유가 제한된 반면, 촌락 공동체로서의 통합은 확고해졌다. 동시에 촌락은 봉건 영주의 지배하에 놓이면서도 그것과 교섭하는 힘도 지니게 된다. 한 마을을 단일 영주가 지배하는 경우는 적고, 마을 하나당 보통 영주가 여럿이었다는 점도 농민 측에 유리하게 작용했을 것이다. 이렇게 촌락 공동체로서의 마을이 유럽 역사상 처음으로 탄생했다.

❧ '기도하는 자'인 그리스도교 성직자, '싸우는 자'인 기사=귀족, '경작하는 자'인 농민의 모습이 상징적으로 그려져 있다. (13세기. 런던, 대영 도서관)

제2장 농민과 영주

1. '경작하는 자'의 신분과 이미지

  중세 유럽 사회는 신분제 사회라는 점에서 우리가 사는 현대 사회와 크게 달랐다. 중세 농촌에서 살던 사람들의 신분은 어떻게 구성되었을까.

  우선 프랑크 시대에는 자유민인가 부자유민인가 하는 법률상의 신분 차이로서 나타났다. 이어서 13세기까지는 농민이 영주의 밭에서 농작업에 동원되는 강제적 육체노동이 감소하고, 농민의 신체를 직접 구속하는 부자유한 신분 요소가 약해져갔다.

그러는 한편 13세기에는 봉건적 전사 계급의 구성원이기도 한 영주들이 새로운 사회 신분으로서 귀족 신분을 형성한 데 반하여, 농민은 도시민과 함께 평민 신분에 놓였다. 여기에 이전부터 독립된 신분으로 인정받던 그리스도교 성직자가 더해져 '기도하는 자', '싸우는 자', '경작하는 자'라는, 18세기까지 이어진 전통적 세 신분의 관념이 형성된다. 다만 귀족 신분에 속하는 사람들은 당시 인구의 2%도 되지 않았다.

애초에 함께 비성직자인 귀족과 평민의 구별은 처음부터 명확했던 것이 아니었다. 국왕이 귀족 서임장을 발행하여 귀족이라는

♣ 「아서 왕 이야기」 속 최강의 기사 랜슬롯의 기사 서임식. 기사 서임식의 중심은 젊은이에게 검과 박차 등 무기를 수여하는 것이었다. (14세기. 파리, 프랑스 국립도서관)

♣ 백년 전쟁의 전장이 된 프랑스에서는 1358년 파리 분지에서 자크리의 난이 일어나, 영주층의 자의적인 타이유 징수를 거부하였다. 모에서 벌어진 농민 학살. 1358년 6월. (15세기. 파리, 프랑스 국립도서관)

사실을 인정하게 되는 것은 프랑스의 경우 필리프 4세Philippe Ⅳ(재위 1285~1314) 치세 초기의 일로, 그 이전까지 국가가 인정하는 귀족 신분이란 존재하지 않았기 때문이다. 그래서 스스로 귀족임을 자처하는 사람들은 다양한 지표를 주장했다.

대표적인 것은 말을 타고 창과 검을 휘두르며 싸우는 기사야말로 귀족이라는 논리로서, 이전까지는 전사 계급 젊은이의 성인식 같은 행사에 불과했던 기사 서임식을 그 통과 의례로 삼았다. 여기에는 활용도가 높았던 기사의 무력을 종교로 통제하려는 교회의 의향도 더해져 기사 서임식은 교회에서 치러지는 종교적 의식이 되어갔다. 그리고 기사 서임식을 받는 가문이 세습화되어감에 따라 귀족 계층은 폐쇄적인 하나의 사회 신분이 된 것이다.

거기다 귀족은 다양한 기회를 통해 농민으로 대표되는 평민층이 천하고 추하며 멸시당할 만한 사람들이라고 주장했다. 이는 명예가 결여된 존재라고 농민을 부정적으로 표현함으로써, 명예의 관념을 자신들이 독점하여 귀족으로서의 고귀함을 연출한 것이었다고 할 수 있다.

13세기 프랑스의 시인 뤼트뵈프Rutebeuf는 '농사꾼의 방귀'라는 이야기 속에서, 임종을 맞은 농민의 영혼을 붙잡아 지옥에 보내려 하던 악마가 농민의 영혼은 항문에서 나온다고 생각해 가죽 부대를 준비하고 기다리다가 잘못해서 결국 방귀를 붙잡아버렸다고 말하고 있다. 농민의 영혼과 방귀가 동일시되고 있는 것이 이 이야기의 포인트이다.

중세 유럽에서는 먹을거리에도 귀천의 서열이 정해져 있었는데, 하늘에서 제일 먼 땅속에서 재배된 순무나 양파 등이 가장 하급의 천한 음식으로, 그것은 성직자나 귀족이 아니라 농민이 먹어야 한다고 여겼던 것도 비슷한 사례이다.

1358년 북프랑스에서 일어난 농민 반란인 자크리의 난Jacquerie의 명칭은 당시 농민 일반이 귀족에게 '어수룩한 자크Jacques Bonhomme'라는 멸칭으로 조소당하고 있던 데서 비롯되었다. 게다가 이러한 농민 반란에서 농민들이 기사 계급에게 행한 잔학 행위는 프루아사르Jean Froissart의 『연대기Chroniques』 등에서 크게 강조되며 비난받았다. 기사와 기사들의 무훈을 널리 알리고 칭송하는 것을 집

♣ '악덕의 싸움'이라는 추상적인 테마를 묘사한 사본 삽화인데, 그것을 농민 등 평민에 빗대어 표현한 것이 인상적이다. (1430~50년경. 브뤼셀, 벨기에 왕립도서관)

필 목적으로 삼았던 프루아사르는 그 대립항으로 농민을 그려내려 한 것이다. 이렇게 사회에서 배제되어야 할 저속한 폭력을 행사하는 농민이라는 부정적 이미지가 또 하나 만들어졌다.

물론 귀족층뿐만 아니라 중세의 농민 사회에서도 명예의 관념이 정착해 있었다는 것은 의심할 여지가 없으며, 이 점은 최근까지 남프랑스, 특히 코르시카 섬의 농민 사회에서 명예가 무엇보다 존중되었다는 사실에서도 드러난다. 또한 14세기 말에 국왕 정부가 발행한 사면장을 보면, 평민에게 주어진 경우의 안건 중 80% 가까이가 명예를 훼손당하여 복수한 것에 대한 사면이었다. 이렇게 보면 명예 관념의 유무를 귀족과 평민의 경계로 삼는 것이 중세의 허구였다는 사실을 잘 알 수 있다.

따라서 다음으로는 그러한 사회적 신분에서 조금 벗어나 경제 면도 포함한 영주와 농민 간의 구체적인 교섭의 역사를 더듬어보기로 하자.

2. 자유인가 부자유인가

고대 그리스·로마 시대에는 외국인을 제외하면 자유민과 노예라는 구분이 사회를 이분하고 있었으나, 중세에 들어서면서 노예의 수가 감소하는 한편 부자유 신분의 내용은 지역에 따라 훨씬 다양하고 복잡해졌다. 부자유민을 가리키는 명칭도 한 가지가 아니었는데, 가장 널리 알려져 있는 것은 로마 시대에는 노예를 의미하던 세르부스Servus라는 라틴어이다. 중세에도 일부에서 매매되던 노예와 달리, 중세의 세르부스는 대개 농노라 번역된다. 그들은 소

♣ 영주와 농민의 관계를 상징적으로 묘사한 그림. (15세기. 파리, 프랑스 국립도서관)

신성 로마 제국

슬라브 세계

이슬람 노예제 지역

농노 신분이 희박한 지역(10% 이하)
농노 신분이 보급된 지역(20~35%)
농노 신분이 농후한 지역(50% 이상)

♣ 중세 유럽의 농노 분포 상황.

유자의 전면적인 지배에 복종하면서도 집과 토지와 가족을 얻어, 그 범위 안에서 재산과 자손을 남길 것을 허락받은 부자유 신분층이다.

고교생을 위한 교과서 등에서는 로마 제정 후기의 콜로누스나 과거 자유농민이던 게르만인의 자손이 중세 들어 사회경제적으로 몰락한 결과, 이들 모두가 영주에게 종속된 농노가 되었다고 설명하고 있으나, 실제로는 소유지를 가진 자유농민도 적잖이 존재하고 있었으며, 그들과 농노의 구성 비율은 지역에 따라 크게 달랐다. 최근에는 농민층 전체 가운데 농노는 소수 그룹에 불과했다는 의견도 유력하다.

또한 농노 등의 부자유민이라 해도 그 예속 내용을 일률적으로 단정할 수는 없다. 꼭 경제적으로 곤궁한 자유농민만이 농노가 되는 것이 아니라, 오히려 10세기 같은 사회의 혼란기에는 교회나 수도원의 보호 아래 들어가기를 원해서 '교회 피보호민Censuales'으로 총칭되는 종속민이 되는 것을 스스로 선택하는 사람들도 적지 않았기 때문이다. 교회 쪽에서도 그들을 교회의 보호 아래 둠으로써 인구가 적었던 당시, 귀중했던 노동력을 확보한다는 이익을 얻었다. 이런 경우에는 종속민이 되어도 영주에 대해 무거운 경제적 부담을 지거나 신분적 구속을 당하는 일이 거의 없었다. 종속의 상징으로서 당시의 최소 화폐 단위인 데나리우스 은화 몇 닢을 매년 교회에 납부하기만 하면 충분했던 것이다.

하지만 11세기 들어 촌락 공동체가 탄생하자, 영주가 농민에게 영주 직영지에서의 노동을 강제하는 형태는 줄어든 반면, 연공을 납부하는 농민을 확보하기 위해서 그들이 거주지로부터 이동하는 것을 엄격히 제한할 필요가 있었다. 결혼해서 영지를 떠나는 사람에게 부과되던 영외혼인세Droit de formariage는 그러한 농민의 이동 제한이 목적이었다. 게다가 사망 시 상속인이 없을 때는 영주가 전 재산을 몰수했으며, 상속인이 있는 경우라도 가장 좋은 가축 한 마리는 영주에게 넘긴다는 내용의 사망세를 부과한 것은 영주가 농민의 재산 확보에 큰 관심을 가지고 있었음을 시사한다.

🔸 프랑스 칼바도스 주의 쿱사르트 마을에 남아 있
는 근세의 영주관(16~18세기). (저자 촬영)

따라서 농민 입장에
서 봤을 때, 개간지나
당시 발전을 시작하던
도시로의 이주는 매력
적인 선택지였을 것이
다. 이렇게 중세 사회
의 경제 발전기에는
과거 긍정적으로 인식되기도 했던 영주의 보호라는 측면은 약해
지고, 이번에는 반대로 그 부자유성이 강하게 의식되었다.

이리하여 13세기 이후 농노를 포함한 농민들은 이와 같은 예속
적 부담을 꺼려, 그곳에서 벗어나고자 노력했으며 종종 거기에 성
공하기도 한다. 화폐 경제가 발전하는 가운데 농민도 금전을 획득
하여 그것을 무기로 영주 측과 교섭, 자신들이 원하는 유리한 조건
을 끌어낼 수 있게 된 것이다. 그러면 계속해서 중세의 영주가 농
민에게 부과하던 부담의 변천을 살펴보기로 하겠다.

3. 영주에 대한 의무와 부담

11세기 이후 도시가 발전하고 상업과 수공업이 번성하자, 영주
는 농민의 부역노동을 통해 자급자족적으로 장원을 경영하기보다
농민에게 현물과 화폐의 형태로 연공을 징수하게 된다. 농민이 지

불해야 했던 부담은 수입의 1할을 교회에 납부하는 10분의 1세를 제외하고, 다음과 같이 둘로 나눌 수 있다.

첫 번째는 밭의 소유자인 영주에게 납부해야 하는 연공이다. 이 것은 프랑크 시대 이래의 부역노동을 대신하는 것으로, 북이탈리아에서는 이미 11세기경부터 수확을 영주와 농민이 서로 나누는 분익소작제分益小作制나 영주에게는 지대만 지불하는 차지借地 방식이 도입되어 있었으며, 그러한 경향은 그 후 13세기까지 알프스 이북으로도 확대되어갔다.

연공에 관해서는 농지와 작물의 종류에 따라 수익 차가 났던 점도 있어, 현물납이든 금납이든 시대나 지방마다 다양한 지불 방식과 요율이 있었다. 포도밭은 곡물밭의 2배 이상 수익을 거두었으므로 그만큼 연공도 높았다. 곡물에 대한 연공은 수확의 15%를 넘는 일은 드물었고, 평균적으로 5% 이했을 것으로 추정된다. 또한 이 같은 연공은 영주에 대한 이른바 사적인 성격의 부과조賦課租로, 율령제 아래서 고대로부터 공지공민제公地公民制가 도입되어 있던 일본의 농민이 부담하던 공적 성격의 연공과는 질이 다름을 주의해야 한다.

이에 비해 두 번째 부담은 보다 공적인 성격을 띠고 있다. 그 배경에는 10세기 후반 이후, 서유럽 각지에서 진행된 성의 건설이 있었다. 이전까지 유럽에는 도시를 보호하는 위벽囲壁 등은 있어도, 성주의 개인적 주거로서 가족과 재산을 지키는 동시에 성 주변 영역을 방위하고 군사적으로 지배하는 기능을 가진 성은 존재하지 않았다. 그런데 이러한 성이 유럽 각지에 세워지면서 유럽 사회의 성격이 크게 바뀌었다. 왜냐하면 이 이후 단순한 토지 소유권에 근거한 영주 지배와는 별도로, 성에 거점을 둔 무력을 배경으로 하여 군사적 측면뿐 아니라 재판을 통한 법적 지배가 시작되기 때문이다.

그 결과, 성주가 지배하는 주변 영역 주민에게는 성에 의한 방위와 치안 유지의 대가로 방위세라 할 만한 세금을 매기게 된다. 대부분은 금전으로 납부했지만, 영주가 성의 수리나 물자 운반 등을 위한 노동력을 필요로 할 때는 농민이 동원되는 일도 종종 있었다. 금전의 경우 프랑스어로는 타이유taille 등으로 불리는 이 지불금은 지역 사회의 방위를 그 근거로 한다는 점에서 공적 성격을 띠고 있으며, 현재의 국가가 부과하는 조세의 원형이라고도 할 수 있다. 실제 성주의 권력이 최종적으로 국왕 레벨까지 통합되어간 결과, 프랑스에서는 15세기 중반에 국

❖ 10분의 1세를 곡물로 징수할 때 사용했던 청동제 용기. (13세기. 파리, 클뤼니 박물관)

왕이 이를 독점하고 영주의 자의적 타이유 징수를 금하게 된다.

그러나 그 이전 단계에서 국왕의 축성 규제 확대와 더불어 농촌에 있던 중·소규모 성이 파괴되고 매너 하우스Manor house 같은 영주관으로 교체되면서, 성주의 방위에 대한 대가라는 타이유의 기원은 잊혀지고 영주 일반에 대한 지불금의 일종으로 인식되었던 듯하다. 게다가 그것은 누차 영주의 필요에 따라 자의적으로 징수되어 연공보다도 훨씬 무거웠다. 가령 13세기 초반 파리 노트르담 대성당의 성당참사회(대성당에 소속해 있는 성직자 단체)는 교회 공사비가 필요할 때마다 수시로 영민에게 타이유를 징수했다. 거기다 후술하는 것처럼 성주가 아닌 경우도 포함하여 영주가 제분 수차나 빵 굽는 화덕 등을 설치해놓고 농민에게 사용과 요금 지불을 강제하는 바날리테Banalité 제도 또한 성에서 유래한 법적 지배를 배경으로 하고 있었다.

하지만 설사 농노라 해도 중세의 농민은 봉건 영주의 징수 요구에 무조건 따르지는 않았다. 예전에는 영주의 압정과 그에 대항하는 폭발적인 농민 봉기만이 주로 언급되

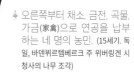

♣ 오른쪽부터 채소, 금전, 곡물, 가금(家禽)으로 연공을 납부하는 네 명의 농민. (15세기. 독일, 바덴뷔르템베르크 주 위버링겐 시청사의 나무 조각)

♣ 농노 해방 장면. 다만 『로마법 대전』의 사본 삽화이므로, 고대 로마 시대의 '봉을 이용한 해방'이라는 의식을 중세에 적용한 모습으로 묘사하고 있다. (13세기 후반. 프랑스, 리옹 시립 도서관)

♣ 프랑스 솜 주의 에르니 마을을 찍은 항공사진. 1210년에 퐁티외 백작 기욤 2세로부터 자치 특허장을 얻은 마을로, 중앙에 밀집한 집들 바깥쪽을 띠 모양 채소밭이 둘러싸고 있다. 외곽이 삼포제가 실시되던 보리밭이며, 그 안쪽에서는 촌락 공동체의 자치권이 영향을 행사했을 것으로 추측된다.

었으나, 현재는 개인으로서나 촌락 공동체로서 농민들이 영주 측과 교섭을 거듭하여 금전을 지불했으며, 때로는 봉기도 불사하고 농노 신분 해방과 영주 마음대로 금액을 정하던 타이유 정액화 또는 폐지라는 결과를 얻어냈다는 사실이 알려져 있다.

상징적인 예를 들어보자. 13세기 중반, 파리 노트르담 대성당의 성당참사회가 영유하던 파리 주변 몇 개 마을 농노들은 농노 신분 해방과 타이유 유상 면제를 요구하며 교섭을 시작했다. 국왕 루이 9세는 물론 농민에게 자금을 융통하여 이익을 얻으려는 파리 상인들의 속셈도 서로 엇갈리는 가운데, 농민 측은 농노 신분의 영구 해방을 위해 1만 리브르, 이번 타이유의 면제를 위해 2,000리브르의 일괄 납부를 제시하기에 이른다. 당시 프랑스 왕국의 국가 예산이 10만 리브르가 되지 않던 것을 생각하면 놀랄 만한 금액이라고 할 수 있다. 기록에 남아 있는 결말에 따르면 1263년 5월 파리 남방 오를리 마을의 농노 636명이 연간 60리브르를 대가로 농노 신분 해방과 타이유 면제를 인정받았다고 한다.

이때 농민들의 자문역으로는 몇몇 성직자와 기사, 파리 시민이 교섭에 참가했다고 한다. 1219년에 파리 동방 로니수부아의 농민들이 새 영주인 생트 주느비에브 수도원장과 교섭했을 때는 교황 호노리우스 3세의 지지를 얻고 있었다. 이처럼 농민이라도 도시민이나 성직자의 세계와 연결되어 있던 모습이 엿보이는 것이 실로 흥미롭다 하겠다.

4. 촌락 공동체의 자치와 재판

11~13세기는 이 같은 영주와 농민 간의 교섭이 각지에서 결실을 맺어 농민의 권리가 확장된 시대였으며, 그것은 마을이라는 단체로서도 마찬가지였다. 여기에는 두 가지 측면이 존재했는데, 우선 첫 번째로 프랑크 시대까지의 영주에 의한 직접적 농민 지배 구조가 해체되고, 촌락 공동체가 새롭게 모습을 드러내면서 새로운 영주와 촌민 간의 관계를 규정할 필요가 있었다. 두 번째로 촌락

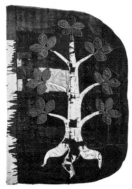

♣ (왼쪽)스위스에서는 알프스의 깊은 골짜기마다 계곡 공동체라 불리는 자치적 주민 공동
체가 형성되어 있었다. 이것은 에르텔바흐 농민들의 깃발로서, 7개의 가지는 공동체를
구성하는 7개의 취락, 나뭇잎은 각각의 취락이 발전해가는 것을 상징한다. (14세기. 스위스
루체른 역사박물관)
♣ (오른쪽)프랑스, 아르덴 주 보몽 앙 아르곤 마을의 촌장과 6인의 참심인을 나타낸 도장.
촌락 공동체에 주어진 자치권을 상징한다. (1351년. 모나코, 대공 궁전 문서관)

공동체를 운영해가기 위한 자치적 행정조직을 설치하여 공동체의
규칙을 정하는 동시에, 위반자를 처벌하는 체제를 확립하지 않으
면 안 되었다. 이리하여 유럽 각지에서 촌락 공동체에 어느 정도
의 자치권과 재판권을 인정하는 문서가 발행된 것이다.

   프랑스에서는 전술한 신촌건설증서 외에 농촌에 주어진 자치 특
허장 안에서 영주와 마을의 법적 관계가 규정되었다. 관습법 증서
라 총칭되는 이 부류의 문서는 처음 발행된 마을의 문서와 비슷한
내용의 문서가 주변 촌락에도 주어지는 경우가 많다. 파리 분지
남부 가티네 지방 대부분의 촌락을 대상으로 한 로리스형 관습법

증서, 북동부 랭스 대주교령의 촌락군에 발행된 보봉 앙 아르곤형 관습법 증서가 대표적이다. 이렇게 보면 자치권의 승인이 기계적으로 이루어진 듯한 인상이 있으나, 각 촌락 공동체에 주어진 문면을 비교해보면 반드시 동일한 내용은 아니며, 증서를 발행할 때마다 개별적인 교섭이 이루어져 각 촌락에 인정되는 권리 내용을 세세히 규정해갔음을 알 수 있다.

독일에서는 매년 개최되는 마을의 전체 집회에서 마을에 전해지는 관습법을 낭독하여 확인했고, 그 내용은 판고록이라는 문서로 기록, 보관되었다. 이것은 촌락 공동체의 자치권 확인이라는 요소보다도, 영주에 대한 부담을 승인한다는 성격이 강했다. 그 배경에는 판고록이 작성되기 시작한 14~15세기 무렵의, 국왕과 영방 군주를 정점으로 하는 중앙집권적 영주 지배가 점점 강화되던 시대 상황이 있었다.

대륙에 비해 영주의 지배가 보다 강력했던 잉글랜드에서는 마을이 자치적으로 운영되는 일은 없었다. 하지만 개방경지제 아래, 촌락 공동체에 의한 공동 농작업이 이루어졌으며, 그에 관한 규칙이 제정되고 위반을 처벌하는 재판소가 설치된 것은 마찬가지였다.

그렇다면 이와 같은 관습법 증서나 판고록, 잉글랜드의 재판 기록에서 언급되는 촌락 공동체의 운영이란 어떤 양상이었을까.

공동체 전체를 지도하고 통제하는 것은 촌민에게 선출되어 영주의 승인을 받은 촌장이다. 촌장은 마을의 전체 집회와 재판 집회를 주재하는 동시에 공동체가 막힘없이 운영되도록 힘썼다.

⚜ 예외적이지만 농민 반란 속에서 농민에 의
한 자치가 실현되는 경우도 있었다. 1478
년 스위스, 루체른 주 쉬프하임 마을의 보
리수 아래에서 열린 집회에서 농민 지도자
페터 암슈탈덴이 판결을 내리고 있다. (15세
기. 루체른 중앙도서관)

전체 집회는 촌장과 영
주가 지휘하는 형태로 마
을 사람 전원이 참가하여
촌장의 집, 영주관, 보리수
나 떡갈나무가 있는 광장
등에서 연간 1회에서 3회
정도 개최되었다. 거기에
서는 마을 관리를 선출하
는 한편, 삼포제를 비롯한
농작업의 실시 일정이 정
해지고 회계 감사가 이루어
졌다. 이때 선출된 마을 관
리는 마을 안의 토지와 마
을 경계의 유지 보전, 제분
수차와 빵 굽는 화덕 등의
영업, 도량형 기준기基準器
의 관리 등 많은 업무를 맡
아 처리했다.

재판 집회는 1, 2주마다
열렸다. 판결을 내리는 것
은 촌장 외에 촌민에게 선
출된 몇 명의 참심인參審人

이었다. 촌장, 참심인 모두 임기는 1년이 원칙이었다. 잉글랜드의 경우 재판을 주재한 것은 영주의 집사였으나, 심리審理와 토의에는 농민 전원이 참가했다는 점에서 프랑스나 독일의 재판과 비슷했다.

재판 집회에서는 양도된 토지의 등기 수속 등 민사 관계 일을 승인해주고, 공동체에서 결정한 농작업에 대한 위반 행위나 폭력 행위로 인한 마을의 평화 침해 등 형사 사건을 벌금으로 처벌했다. 살인이나 방화 같은 중대 범죄는 영주, 그중에서도 성주가 재판권을 관할하는 사항으로, 그들에게 재판을 받았다. 그와 비교하면 마을의 재판 집회는 촌락 공동체를 원활하게 운영해가기 위해 보다 경미한 위반 행위를 단속하는 데 집중하고 있었다. 그 범위 안에서 마을의 재판 집회는 공동체의 자치를 상징적으로 나타내는 것이라고 할 수 있다.

그렇지만 한편으로 벌금의 태반은 영주에게 지불되었다. 보몽 앙 아르곤의 관습법 증서에 따르면 마을의 시장 질서를 어지럽힌 자에게 부과된 100솔리두스Solidus의 벌금 중 촌장과 참심인에게 각각 1솔리두스, 피해자에게 10솔리두스, 피해자가 부상을 당했을 경우에는 20솔리두스가 지급되었으며, 나머지는 전부 영주의 주머니에 들어갔다. 이처럼 마을의 자치적 재판 집회는 영주에 의한 마을의 경제적 지배라는 측면도 함께 가지고 있던 것이다.

⚜ 흑사병을 겁내는 피렌체 사람들. 흑사병 대유행으로 인한 떼죽음은 농촌에도 중세 후기의 대변동을 가져왔다. (1430년경. 파리, 프랑스 국립도서관)

5. 중세 후기의 사회 변동

14세기 중반에 시작되어 당시 인구의 3분의 1을 앗아갔다고도 추정되는 흑사병으로 인한 인구 격감과 영국과 프랑스의 백년 전쟁(1339~1453) 등이 가져온 사회적 혼란은 커다란 재앙이기는 했으나, 그것을 견디고 살아남은 농민과 그 자손에게는 유리하게 작용했다. 노동력이 감소함에 따라 일용 노동자의 임금이 상승하는 동

᠅ (오른쪽)1356년 9월 19일. 푸아티에
   전투에서 프랑스가 잉글랜드에 패배
   하고 국왕 장 2세가 포로가 된 사
   건은 백년 전쟁 전반 프랑스에 최
   대의 혼란을 야기했다. (1412~1414
   년경. 프랑스, 브장송 시립도서관)
᠅ (왼쪽)병사에게 쫓기는 농민 일가.
   (1471년. 파리, 프랑스 국립도서관)

시에, 농민이 계속해서 도시로 유출되어 소령 경영이 곤란에 빠진
결과, 영주가 농민에게 양보하지 않을 수 없게 되면서 농노가 해방
되어 자유농민이 되는 것이 일반화했기 때문이다. 그러한 농민의
전형이 요먼이라 불리는 잉글랜드의 독립 자영농민이다.

   하지만 동시에 그들 농민층 내부에서 진행되던 경제적 격차의
확대와 계층 분화에 주목할 필요가 있다. 봉건 영주의 지배가 완
화된다는 것은 마을의 농민 사회가 화폐 경제와 상업이 지배하는
외부 사회의 격랑 속에 던져진다는 것을 의미했다. 이렇게 이전까

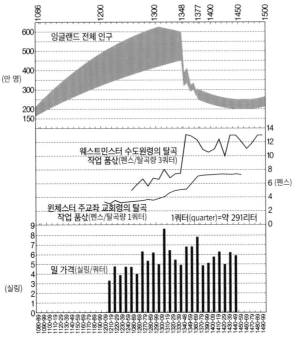

♣ 중세 잉글랜드의 인구, 품삯, 밀 가격 변동을 나타내는 그래프. (유럽 중세사 연구회 편『서양
중세 사료집』도쿄대학출판회, 2000년, 355쪽)

지 억압적이기는 했어도 안정된 영주제의 폐쇄적 지배에 안주해
왔던 농민들은 자발적 경제생활을 영위하는 환경을 얻는 한편, 약
육강식의 세계에 휩쓸리게 된 것이다.

13세기까지는 아직 큰 규모의 농지를 보유한 대농大農은 드물었
다. 대다수 농민의 경작지는 1~2헥타르 정도의 면적에 지나지 않
았기 때문에, 이것으로는 빠듯한 생활밖에 할 수 없었다. 따라서

1381년, 말 위에서 와트 타일러(붉은 옷을 입은 인물)를 격려하는 신부 존 볼. '아담이 경작하고 이브가 길쌈할 때 대체 누가 귀족이었는가'라는 유명한 설교 장면으로 짐작된다.
(1470년경. 런던, 대영 도서관)

가금류를 키우거나 숲에서 밤과 버섯을 채집하거나 영주의 밭 또는 저택에서 부업으로 삯일을 하여 가계를 충당해야 했다. 그러나 그런 한편으로는 프랑스 등에서는 토지의 매매나 상속 시의 권리 양도 등 농민 간의 토지 거래가 지금까지 추측되던 이상으로 활발했다는 사실도 밝혀졌다. 여기에는 그러한 토지 거래 허가료를 징수할 권리를 가지고 있던 영주가 거래에 적극적이던 사정도 있었다. 이 같은 동향은 중세 후기 농민의 재산 이동을 크게 부추겼다.

유복하고 자손이 많은 농가는 자신들이 보유한 농지뿐만 아니라, 몰락한 사람들의 농지를 인수하여 경영을 확대해갔다. 그것이 불가능한 농민은 논밭, 경우에 따라서는 자신의 집마저 처분한 채

✤ (오른쪽)12개조 요구를 기록한 소책자의 표지. 1525년. (Wikipedia Deutsch, Deutscher Bauernkrieg)
✤ (왼쪽)1525년 5월 알자스 지방 사베른 전투. 1526년에 출판된 목판화. (Wikipédia française, Guerre des paysans en Alsace et en Lorraine)

타인의 밭을 경작하는 일용 노동자가 되는 수밖에 없었다. 이렇게 중세 후기의 많은 농촌에서는 부농과 빈농이라는 형태로 사회적 계층 분화가 일어난 것이다. 영주와 농민의 관계도 과거의 예속적 요소는 사라지고, 소작 계약을 통한 지주와 소작인의 관계에 가까워졌다.

한편 14세기 이후, 중세 농촌에 일반적이던 영주의 독립 지배는 쇠퇴하고, 대신 중앙집권화를 이루어가고 있던 국왕 정부의 농촌 지배가 강화되었다. 이전까지 농민이 영주에게 납부하던 타이유도 국왕 정부가 거두게 되면서, 국가에 대한 직접세로 모습을 바꿔

✤ 1377년, 골더 마을(잉글랜드) 촌민 22명에게 한 사람당 4펜스의 인두세를 납부할 것을 명하는 포고. (런던, 영국 국립공문서관)

갔다. 1439년 프랑스 국왕 샤를 7세가 발포한 군사개혁 왕령으로 국왕 직속 상비군이 창설되고, 귀족에 대해서는 군대 소집과 소령의 연공을 제외한 타이유 등 세금 징수가 금지된 일은 이런 상황을 전형적으로 보여준다.

잉글랜드에서도 1381년의 통칭 '와트 타일러의 난Wat Tyler's Rebellion'은 백년 전쟁 당시 전쟁 비용 마련을 위한 전국적인 인두세 징수가 그 발단이 되었다. 독일 농민 전쟁(1524~1525)에서는 중앙집권화를 추진하던 서남독일 제 영방 군주들이 촌락 공동체의 자치적 권리를 침해하면서 농민에게 규탄받았다. 하지만 이들 반란은 모두 국왕과 영방 군주에 의해 진압되고 만다.

이렇게 16세기 이후, 촌락은 물론 그곳에 사는 농민, 나아가서는 영주마저도 절대왕정에 의한 국내 신분 지배의 그물망 속으로 빨려 들어가게 된 것이다.

제3장 마을의 모습

1. 마을의 환경

자크 르 고프Jacques Le Goff는 『서양 중세 문명La civilisation de l'Occident médiéval』이라는 저서에서 13세기경까지 중세 사람들이 순례나 단순한 방랑 등의 기회를 통해 원거리를 이동하는 일이 적었던 것을 강조하면서, 동시에 그들 대부분이 거의 일생을 숲에 둘러싸인 거주 영역에서 나가지 않았다고 적었다. 이는 무엇보다 농민의 일생에 부합한다. 영주에 대한 부역노동도 늦어도 다음 날이면 돌아올 수 있는 거리에서밖에 이루어지지 않았다는 것을 의미했다.

개발이 그다지 진행되지 않았던 중세에는 마을과 도시 사이에 사람이 살지 않는 미개척지가 펼쳐져 있었다. 내륙부에서는 숲이었으며, 바다나 하천의 연안부에서는 궂은 날씨나 초봄 등 물이 불어나

♣ 14세기의 탐험가 장 드 망드빌 『세계 경이의 서』 사본에 그려진 중세의 여행자. (15세기 초반. 런던. 대영 도서관)

는 시기에 계절적으로 침수되는 저지대가 여기에 해당했다. 이러한 토지는 개간과 간척에 가장 적합한 대상으로서 일찍 경작지화가 이루어진 한편, 밭에서는 얻지 못하는 다양한 원료와 산물의 공급지가 되어주기도 했다.

그 가운데 사람들이 가장 필요로 했던 것은 삼림이다. 삼림은 경작지와 마찬가지로 소유권이 설정되어 소유자가 독점을 꾀했다. 이와 같은 삼림에는 대표적으로 국왕, 제후의 수렵용 숲과 촌락 공동체의 공유림이 있었다.

원칙적으로 농민에게 수렵은 금지되었고, 숲에서의 사냥은 영주 계층이 독점했다. 국왕 소유의 숲에서 농민이 배제되던 모습은 로빈 후드와 잉글랜드 국왕의 관리 사이에 벌어진 셔우드 숲을 둘러싼 분쟁 이야기에 생생하게 묘사되어 있다. 현실과 상상이 뒤섞인 형태로 상상 속의 영웅 로빈 후드가 의적의 상징처럼 구전되어온 것은 사슴과 같은 사냥감의 소유권을 비롯하여 삼림 이용권을 국왕이 독점해온 것에 대해 일반인들의 불만이 컸기 때문일 것이다.

한편 농민은 농민대로 생활에 필요한 땔감 채집과 가축 방목을 위해 숲을 필요로 했다. 농촌 대부분에는 촌락 공동체의 관리하에 놓인 마을의 공유림이 있어, 농민은 그곳에서 장작과 숯을 얻고 돼지를 방목했다.

하지만 영주층은 늘 삼림 자원을 수입원으로 삼으려 했기 때문에, 삼림 이용을 둘러싸고 양자는 서로 경합했다. 영주는 자신이 지배하는 마을 공유림의 수목이 벌채될 경우 그 대금의 3분의 1을 징수하는 등 간접 지배에 착수하는 한편, 영주 소유 삼림에서의 위반 행위에 대해 형벌과 벌금으로 대응하게 된다.

중세 말기부터 16세기에 걸쳐서는 마을 공유림에 대한 영주 측의 침해가 활발해진다. 이는 유럽 사회가 발전기를 맞이하는 가운데 목재 전반의 수요가 높아진 것이 배경으로, 영주가 농촌에 전해 내려오던 관습을 무시하면서까지 삼림에서 이익을 추구하려 한 결과이다. 최종적으로 그러한 움직임은 중앙집권화를 추진하던 국왕과 영방 군주에 의한 마을 공유림의 몰수라는 정책으로 귀결된다. 16세기 서남독일에서 벌어진 독일 농민 전쟁의 배경 중 하나는 바로 이 마을 공유림을 둘러싼 문제였던 것이다.

마을 각각에 눈을 돌리면, 마을을 관통하는 도로와 그에 면하여 세워진 교구 교회, 그 주위로 펼쳐지는 묘지와 광장이 마을 공간의 중심을 구성했다. 그에 못지않게 하천의 배치도 마을의 생활에 있어 중요했다. 아시아의 벼농사와 달리 보리농사에는 농업용수가 많이 필요하지 않았지만, 하천에는 보가 설치되고 영주 소유의 제분용 물레방앗간이 세워져 있었다.

마을 사람이 마을 밖에 나갈 기회가 적었다고는 해도, 영주와의 교섭이나 마을에서는 손에 넣을 수 없는 물자의 조달, 농산물 및 축산품의 매각을 위해 외부 사회와의 연락은 소소하게나마 계속되었다. 때문에 마을에서 가도로 나가는 길이 유지되어 사람들은 도보로 나갔으며, 때로는 당나귀와 말, 수레로 짐을 옮겼다. 현재 중세 도로의 형태가 그대로 남아 있는 예는 그다지 없으나, 로마네

♣ 오디에른 강에 걸쳐진 중세 마을의 돌다리. 페뤼스 르 록 마을(프랑스, 아베롱 주). (저자 촬영)

스크 양식이나 고딕 양식의 아치로 구성된 돌다리가 그것이 설치될 당시의 모습을 전하기도 한다.

　한편 강에 얕은 여울이 있는 경우에는 건설과 유지에 비용이 드는 다리를 굳이 설치하지 않고, 발을 적시며 건너는 것도 흔한 일이었다. 이러한 도하 지점은 영어로는 '포드ford', 독일어로는 '푸르트Furt'라 불린다. 옥스퍼드나 프랑크푸르트처럼 그러한 단어를 포함하는 지명의 존재는 과거의 교통이 어떤 모습이었는지 이야기해준다.

　도시와 농촌 간의 교통은 대개 이런 식으로 확보되었으며, 이를 통해 농촌과 주변 도시와의 교역이 이루어졌다.

♣ 프랑스. 아베롱 주 라쿠베르트아드는 12세기 이래 성전기사단의 성과 함께 형성된 위벽 취락으로, 곡물 생산과 목축의 거점이었다. 지금도 중세의 위벽 및 성전기사단의 성과 교회가 남아 있다. (위)전경. (Wikipédia française, La Couvertoirade)

2. 마을의 형태

 실제로는 각각의 마을이 놓인 지리적 조건도 정치적 상황도 가지각색이었다. 따라서 거기에서 탄생한 마을의 형상도 다양했으나, 대부분은 집들이 인접 또는 근접한 집촌의 형태를 취했다.

 이탈리아 반도, 남프랑스, 이베리아 반도 등 지중해 연안 지역에서는 조금 높은 곳에 지어진 성 주위로 농민이 모여 사는 인카스텔라멘토라는 현상이 10세기부터 많이 나타났다. 성을 중심으로 소용돌이치듯 동그랗게 석조 건물이 늘어서고, 그 바깥쪽은 위벽으로 보호하는 것이 일반적이다. 언덕 정상이나 우뚝 솟은 절벽 위에 있어 '독수리 둥지 마을'이라든가 '매 둥지 마을'이라고 불리며, 남프랑스 코트다쥐르의 에즈Eze처럼 관광지로 유명한 곳도 있다. 이런 곳에서는 부지가 좁기 때문에 건물을 2층으로 짓거나, 언덕

♣ (왼쪽)대표적인 독수리 둥지 마을 에즈. (프랑스, 알프마리팀 주) (Wikipedia English, Èze)
♣ (오른쪽)교회 옆에 있는 성전기사단원의 무덤과 묘비. (저자 촬영)

사면에 옆으로 동굴 같은 구멍을 뚫어 집의 일부로 이용하는 일도 많았다.

당시 남유럽에서는 왕권이나 강력한 제후 세력의 형성이 늦어지는 가운데, 이슬람교도의 침략 등에 의한 불안정한 치안 상황에 대처가 필요하면서도 축성에 대한 규칙은 느긋하다는 사정과, 고대로부터 이어진 석조 건축의 전통 및 구릉 지대가 많다는 지리적 조건도 있어, 영주=성주의 주도하에 이 같은 마을의 형태가 탄생한 것이다. 더욱이 중요한 작물이었던 포도와 올리브를 재배하기 위해서는 구릉지라는 입지 조건이 적합하다는 사정도 있었다.

반면에 보다 북쪽 지역에서는 성과 촌락의 관계가 그다지 직접적이지 않다. 성은 지역 방위의 거점인 동시에 성주의 폭력적 지배의 거점이기도 했기 때문에, 성을 기피하는 농민도 적지 않았다. 하지만 그래도 11세기 이후, 일본의 조가마치城下町, 다이묘의 성 주위에 건설된 일종의 계획도시. 상업 및 행정도시 역할을 수행했다-편집자 주와 같은 도시 규모에 이르지는 못했지만, 성을 둘러싸는 형태로 마을이 형성되는

🔹 지금은 폐허가 된 루지에(프랑스, 바르 주)도 독수리 둥지 마을의 전형적인 예. (모두 저자 촬영)

🔹 (왼쪽 위)동굴을 이용한 루지에의 주거.

🔹 (중간)2층짜리 농가. 1층과 2층 사이의 들보를 끼워 넣는 벽의 구멍과 2층 벽에 설치된 시렁에 주목.

🔹 (오른쪽 위)루지에의 집들 사이에 남아 있는 포장된 도로.

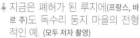

🔹 (아래)로마네스크식 마을 교회와 묘지. 프랑스 샤랑트마리팀 주 올네의 생 피에르 교회.

56

경우는 종종 있었다. 다만 인카스텔라멘토In-castellamento와 같이 성과 마을 전체가 하나의 위벽으로 보호받는 예는 드물었다.

그리고 성 이상으로 새로운 마을의 중심이 되는 일이 많았던 것은 바로 교회였다. 11세기는 그레고리오 개혁Gregorian Reform의 시대로, 이전까지 세속 권력에 종속되어 있던 로마 가톨릭교회의 자립운동이 본격적으로 일어났다. 이에 따라 성직자의 의식과 교양이 향상되고, 유럽 사회의 그리스도교화가 단숨에 진행되었다. 그때까지 교회가 없던 농촌에서

♣ (위)잉글랜드 요크셔의 캐슬 볼턴 마을. 1955년 7월에 찍은 항공사진. 마을 이름이 알려주듯 그 형상은 그야말로 볼턴 성 주변의 마을이다.
♣ (아래)대표적 성채 교회인 프랑스, 뫼즈 주 뒤니 쉬르뫼즈 마을의 성모 성탄 교회. 높은 망루 같은 탑에 주목. (Wikipédia française, Dugny-sur-Meuse)

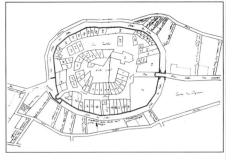 

♣ 괴촌의 예인 프랑스, 오드 주 이셀 마을.
♣ (왼쪽)18세기의 지적도에 나타나듯 이 마을
  은 일찍이 위벽을 갖추고 있었다.
♣ (오른쪽)항공사진으로는 바로 앞 숲 속에 마을 묘지가 있다. 처음에는 이곳에 취락이 있
  었으나, 11세기경 현재의 위치로 이동했다. 이 랑그도크 지방에서는 11~12세기에 이러
  한 원형 마을이 다수 형성되어, 현재 '시르퀴라드'라 총칭되고 있다.

도 하나의 촌락 영역이 독립한 소교구를 구성하여, 사제가 관리하
는 교구 교회가 건설되었다. 지금도 무수히 남아 있는 농촌의 로
마네스크식 교회는 이 시대의 자취라 할 수 있다.

이때, 이전까지 흩어져 있던 농가가 새롭게 건설된 교회 주위로
이동하여 집주集住하는 것은 널리 볼 수 있는 현상이었다. 교회 뒤
에는 묘지가 부속되었기 때문에, 이에 따라 프랑크 시대의 묘지가
버려지고 새로운 묘지로 이동하는 사례도 흔했다.

또한 성과 같은 형태로 높은 탑과 창문이 적은 벽을 갖추어, 긴
급 시 농민의 피난소가 되는 성채 교회도 적지 않았다.

집들이 집합하는 형태는 교회와 마을 광장을 중심으로 동그란
덩어리를 이루는 경우 외에, 마을의 중심가를 따라 양옆에 늘어서
는 경우가 일반적이다. 지리학에서는 전자를 괴촌塊村, Haufendorf, 후
자를 열촌列村, Reihendorf이라 부른다.

마을 중에는 정기적으로 시장이 열려, 지역 경제의 소규모 중심

지가 되는 경우도 있다. 중세 초기에는 그 같은 반半도시적 취락을 비크Wik/Wich라 불렀는데, 13~14세기 프랑스 남서부에 다수 건설된 바스티드Bastide라 불리는 새로운 형태의 취락도 그런 성격이 짙다.

하지만 이러한 집촌화 동향을 일반화하는 데는 주의가 필요하다. 정주지 형성에는 영주와 농민의 관계 외에도 농업 타입, 인구와 경제 동향 등 다양한 요인이 얽혀 있기 때문이다. 또한 피레네나 프랑스의 중앙 산지, 알프스 지방 등의 산악부에서는 이동 방목을 통한 축산 경영이 중심 산업이었다. 16세기 잉글랜드의 인클로저 운동처럼 곡물 재배가 목축으로 전환되는 변화가 대규모로 일어나는 경우도 있었다. 마을의 지리적 역사는 많은 다양성과 변동을 동반한 채 현재에 이르고 있다는 사실을 잊어서는 안 된다.

나아가 농가의 형태에 대해서는 제3부에서 설명하고자 한다.

🌲 (왼쪽)열촌의 전형적 예라고 할 수 있는 잉글랜드 노샘프턴셔의 브라운스톤 마을. 1949년 4월의 항공사진.
🌲 (오른쪽)대표적 바스티드인 몽파지에(프랑스, 도르도뉴 주)의 전경. 중심보다 약간 왼쪽 위로 광장이 보인다. 예전에는 주위를 위벽이 둘러싸고 있었다.

△ 몽파지에의 광장과 그곳에 면한 주택. (저자 촬영)

△ 시장 건물은 벽이 없고 기둥만 있는 것이 대부분이다. 프랑스, 도르도뉴 주에 위치한 빌프랑슈 뒤 페리고르의 시장 건물. 오른쪽 구석에 다양한 크기의 양철제 곡물 계량기가 늘어서 있다. (저자 촬영)

column 1. 바스티드

　바스티드란 보르도에서 툴루즈 주변 지역에 이르는 서남프랑스 평야부에서 13~14세기 건설된 일군의 정주지의 호칭이다. 도시와 농촌의 특징을 아울러 지닌 데 더하여 군사 방위적 요소까지 겸비한 모습을 특징으로 하고 있으며, 그 수는 500여 곳에 이른다. 당시 이 지역에서는 플랜태저넷 왕조 잉글랜드 국왕, 카페 왕조 프랑스 국왕, 툴루즈 백작 등 복수의 정치 세력이 대항하고 있었기 때문에, 저마다 세력권의 유지·확대와 경제 진흥을 위해 이 같은 방비 취락을 계획적으로 설치한 것이다.

　현재 이들 지역은 프랑스에서도 비교적 개발이 뒤처진 곳에 해당하기에 많은 바스티드와 그 건물군이 현재까지 남아있다. 그래서 우리는 중세의 모습을 간직한 농촌적 소도시의 전형적인 예를 발견할 수 있다.

　바스티드의 전형적인 형태는 각 변 수백 미터 정도의 장방형 위벽에 둘러싸여, 중앙의 광장을 중심으로 격자형 가로街路망이 짜여 있는 것으로, 성문과 같은 위벽 입구나 탑 등 성채의 요소가 나타나는 경우가 많다. 또한 영주나 유력자의 관리의 저택도 종종 볼 수 있어, 지방 통치라는 행정 기능을 가진 정주지였다는 사실이 실감된다.

　바스티드 경관의 중심은 광장과 그것을 둘러싼 석조 건물군이다. 교회가 면하지는 않으며, 오로지 정기 시장을 열기 위한 공간으로서, 광장 일각에 정기 시장용 시장 건물이 마련되어 있는 경우가 많다. 그곳에 상설 점포 같은 것은 없고 아무것도 없이 텅 빈 공간이지만, 매주 1, 2회 열리는 주시週市 날이면 사람들이 여러 가지 농산물을 가져와 바닥이나 간단한 매대에 늘어놓고 판매했다.

　광장 둘레의 네 변은 상가주택이 둘러싸고 있는데, 광장 쪽 1층은 너비 수 미터의 아케이드가 설치되어, 그곳에서도 날씨에 관계없이 상거래를 할 수 있었다. 이는 한정된 공간 안에서 사적 거주 부분과 광장이라는 공공 공간을 양립시키기 위한 아이디어이기도 했다.

　시장 건물 한구석에는 흔히 곡물 계량기가 놓였다. 툴루즈 근처의 콜로뉴처럼 14세기의 계량기가 현존하는 경우도 있으며, 대표적인 바스티드로 유명한 도르도뉴 주 몽파지에 등에는 지금도 양철제 계량기가 남아 있어 얼마 전까지만 해도 거기서 곡물 매매가 이루어졌음을 알려준다. 이들을 보면 그곳이 중세는 물론 근년

⚜ 몽플랑켕의 아케이드. 현존하는 중세의 아케이드는 광장 쪽 개구부와 함께 고딕식 아치로 되어 있다. 여기에는 교회 건축에서 탄생한 건축 기술이 그대로 사용되었다. (저자 촬영)
⚜ 프랑스 제르 주 콜로뉴의 시장 건물. 중앙에는 종루가 솟아 있다. (저자 촬영)
⚜ 바스티드는 아니지만 프랑스 타른에가론 주 케뤼스에도 시장 건물 일각에 짜 넣어진 석조 곡물 계량기가 남아 있다. 15~16세기 초반의 것으로 보인다. (저자 촬영)
⚜ 콜로뉴 가축 시장의 옛 사진. (콜로뉴 마을의 설명문에서, 저자 촬영)

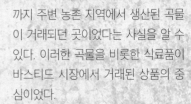

까지 주변 농촌 지역에서 생산된 곡물이 거래되던 곳이었다는 사실을 알 수 있다. 이러한 곡물을 비롯한 식료품이 바스티드 시장에서 거래된 상품의 중심이었다.

또한 콜로뉴에서는 적어도 20세기 전반 무렵까지, 마을 위벽 바깥쪽 광장에 소와 돼지 등을 사고파는 가축 시장이 열렸다. 그곳에는 1960년대까지 공공 저울이 설치되어 있어, 곡물을 실은 짐수레나 가축의 무게를 재는 데 쓰였다고 한다.

하지만 바스티드 주민 전부가 상인이었던 것은 아니다. 광장을 벗어나면 농민이 거주하는 주택이 줄지어 있었다. 그들은 위벽 밖에 있는 경작지에서 일하기 위해 매일 마을 밖으로 나갔던 것이다. 아직 농지화되지 않은 개간지 개발에 나서는 일도 많았다.

일부 바스티드에는 자치 특허장이 주어져 있었다. 당시 이른바 자치도시뿐만 아니라, 농촌에 대해서도 도시와 마찬가지 자치 특허장이 교부되는 경우는 적지 않았다. 그런 의미에서도 중세 도시와 농촌 사이에 위치하는 정주지의 이상적인 모습으로서 바스티드는 흥미로운 존재이다.

제4장 농민의 일

이제부터는 12~13세기를 중심으로 서유럽의 농촌에 살았던 사람들의 생업을 살펴보자. 다양한 직업과 노동의 형태를 발견할 수 있을 것이다.

1. 농업

농업의 중심은 가을에 파종하여 이듬해 초여름에 수확하는 밀과 호밀 등 가을 곡물 재배였으며, 그에 더해 봄에 씨를 뿌려 가을

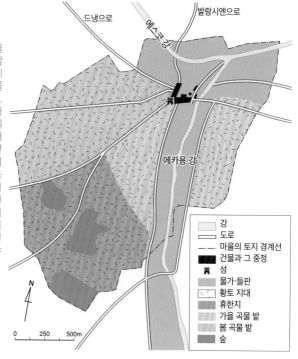

⚜ 1435년 티앙 마을 (프랑스, 노르 주)의 삼포제 실시 상황. 이 해에는 가을 곡물인 밀밭 127헥타르, 봄 곡물 밭 118헥타르, 휴한지 138헥타르로 3분할되어 있다. 이것이 3년 주기로 로테이션되었다. 단, 이때는 농민 한 사람이 관리했으므로 마을 전체적으로 이루어지는 삼포제가 아니라, 정확히는 '3년 윤작'이라고 해야 옳다.

드냉으로 / 에스코 강 / 발랑시엔으로

에카용 강

	강
	도로
	마을의 토지 경계선
	건물과 그 중정
	성
	물가·들판
	황토 지대
	휴한지
	가을 곡물 밭
	봄 곡물 밭
	숲

N

0   250   500m

v·y· embolismus.

♣ 14세기 플랑드르 지방의 바퀴 달린 중량 쟁기 사본 삽화. 말 2필이 끌고 있다. 말의 어깨에 걸치는 멍에가 도입되면서, 말에게 쟁기를 끌게 할 수 있게 되었다. 토양을 앞뒤로 가르는 보습과 그렇게 갈린 흙을 뒤섞는 발토판이 달려 있다. 이러한 형식의 바퀴 달린 중량 쟁기는 근대가 되면 전부 철제가 되지만, 기본적인 구조에는 거의 변화가 없었다. (네덜란드 헤이그 왕립도서관)

♣ 사람 손으로 하는 경작. 농사력 3월의 한 장면. (13세기. 프랑스, 본 시립도서관)

♣ 봄 곡물인 보리 등의 파종 전에 이루어진 초봄의 쟁기질. 바퀴 달린 중량 쟁기의 구조를 잘 알 수 있다. (1510년경. 베네치아 마르차나 국립도서관)

에 수확하는 봄 곡물로서 보리, 귀리, 보통계 밀도 동시에 재배되었다. 전자는 제분하여 빵을 만들었는데, 이것이 사람들의 주식이었다. 호밀은 척박한 토지나 한랭지에서도 재배가 가능하고 수확 효율도 좋았으나, 부유한 사람들 사이에서는 흰 밀가루 빵이 유행했기 때문에 밀 재배가 더 선호되었다. 한편 봄에 파종하는 후자는 오트밀처럼 죽을 쑤어 먹거나, 에일과 맥주 같은 맥아 양조주의 원료가 되는 외에, 말에게 필수적인 사료로서 중요했다.

가을 곡물 및 봄 곡

물의 재배와 지력 회복을 위한 휴경을 세 개의 밭에서 동시에 가능하게 하는 윤작 방법이 3년 윤작 시스템이다. 그리고 그것을 한 영주의 소령에서가 아니라 촌락 공동체로서 마을 전체적으로 행하는 것이 삼포제인데, 일반적으로는 엄밀한 용어 구분이 이루어지지 않고 있는 것이 좀 아쉽다.

다만 3년 윤작이 완전히 토지를 3분할하는 형태로 사료에 처음 등장한 것은 13세기 전반 파리 분지의 일부 소령에서였으며, 본격적으로 보급된 것은 중세 후기의 일이었다. 지중해 연안 지방에서

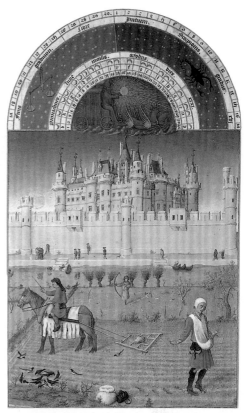

♣ (위)가을의 파종 풍경. 써레를 걸고 있다. 허수아비에도 주목. 뿌려진 씨앗을 쪼아 먹는 까치도 귀엽다. 배경은 센 강과 루브르 성이지만, 파리의 풍경을 그린 사실화는 아니다. 『베리 공작의 매우 호화로운 시도서』 중 10월 장면. (1415년경. 프랑스 콩데 미술관)

♣ (아래)툴루즈 지방에서 제작된 사본 삽화에 그려진 바퀴 없는 쟁기. (14세기 후반. 프랑스, 툴루즈 시립도서관)

는 건조한 여름 날씨 탓에 봄 곡물 재배가 그다지 이루어지지 않았고, 알자스 지방에서는 라인 지방 여러 도시의 높은 밀 수요에 대응하기 위하여 이포제로 밀이 재배된 것이 고작이었다. 가지각색의 자연과 경영 조건하에서 사람들은 재배하는 곡물을 임기응변으로 선택했던 것이다.

더불어 봄 곡물 밭에는 이랑과 이랑 사이에 완두콩과 까치콩, 누에콩 등을 심었는데, 영양가가 풍부한 콩의 재배는 농민의 식생활 향상에 크게 기여했다. 『잭과 콩나무』에서 그려지는 완두콩의 힘찬 성장 이미지는 이를 상징하는 것이 아닐까 생각된다. 이렇게 복수의 작물을 동시에 재배함으로써 농작물이 알맞게 분산된 한편, 일기불순 등의 리스크에도 대응할 수 있었다.

곡물 농사에 관한 농작업 가운데 가장 중요한 것은 밭을 가는 것이다. 농민이 삽으로 일구는 경우도 있었지만, 일반적으로는 바퀴 달린 중량 쟁기를 이용했다. 가을 곡물을 재배하고 난 뒤 이듬해 봄에 씨를 뿌리는 봄 곡물 밭의 경우 파종 직전에 가을 곡물의 그루터기를 뒤엎기 위해 한 번만 쟁기질을 한 데 반해, 휴한기 뒤나 가을에 씨를 뿌리는 가을 곡물 밭에는 보다 공을 들였다. 본래 8월과 9월에 각각 1회 쟁기질을 하여 휴한기 중에 자란 잡초를 정성껏 흙 속에 갈아 넣었는데, 12세기 중반 이후 그 횟수가 1~2회 더 늘었다. 지력을 회복시키는 쟁기질의 효과는 절대적이었으며, 12세기 중반의 클뤼니 수도원령에서 3회 쟁기질한 밭은 2회밖에 하지 않은 밭보다 수확이 두세 배 많이 났을 정도였다고 한다.

그때까지 목제였던 농기구에 철제 부품을 사용하게 되면서, 쟁기 날에는 쇠로 된 보습이 달리게 되었다. 12세기, 프랑스 동북부의 주교좌 도시 메스에서는 동 주교구 내의 보습 독점 판매권을 가지고 있던 보습 제조업자 7명이 가장 유력한 길드를 조직하고 있었다. 그들은 그 독점권에 대한 대가로서 매년 28개의 보습을 메스 주교에게 납품했는데, 주교는 그중 12개를 자신의 소령용으로 떼어놓

♣ 콩과 식물의 재배. (15세기 초반. 빈, 오스트리아 국립도서관)

♣ 작은 낫으로 보리를 수확하는 시토 수도원의 수도사. 장식 문자 'Q'를 이루고 있다. (12세기 초반. 프랑스 디종 시립도서관)
♣ 수확한 보리의 탈곡. 농사력 8월에 자주 그려지는 풍경이다. (13세기. 라발 [프랑스, 마옌 주] 프리츠 예배당의 벽화)

♣ (왼쪽 위)포도 재배에 적합하지 않은 북쪽 지역에서는 사과를 이용하여 시드르(프랑스어)나 사이다(영어)라 불리는 양조주를 만들었다. 이 사본 삽화는 플랑드르 지방의 사과 수확을 묘사하고 있다. (15세기 말. 파리, 마자린 도서관)
♣ (오른쪽 위)탈곡과 키를 이용한 겨 제거 작업. 탈곡은 혼자 하기도 했지만, 나중에는 2~4명이 한 조가 되어 떡방아처럼 도리깨로 리듬을 맞춰 이삭을 두드리게 되었다. (1490년경. 파리 아스날 도서관)

은 뒤 나머지는 시의 유력자 사이에서 분배시켰다고 한다. 그러나 13세기 이후, 철제 보습의 생산과 판매, 거래가 보다 광범위하게 이루어지자 메스의 수공업 길드는 보습의 생산 독점을 유지하기가 어려워졌다. 이런 사례를 통해 북프랑스의 철제 보습 보급 동향을 유추할 수 있다 하겠다.

쟁기를 끄는 가축은 소보다 말이 더 빠르고, 의외로 지구력도 있어 작업 시간이 길었다. 경작하는 토지도 토양과 계절에 따라 경작 난이도가 달랐기 때문에 경우에 따라 말과 소를 나눠 사용했으며, 그 수도 최대 8마리 정도까지 다양했다.

바퀴 달린 중량 쟁기로 밭을 간 뒤에는 여기저기 굴러다니는 커다란 흙덩어리를 잘게 부수고 바닥을 골라 파종을 할 수 있도록 준

비할 필요가 있다. 이를 위해 11세기경부터 이용된 농기구가 써레였다. 그래도 부족하면 인력으로 흙덩어리를 바스러뜨렸다. 또한 가을 곡물이든 봄 곡물이든 파종 후에 재차 써레질을 하여 씨앗과 흙이 잘 섞이도록 했다.

한편 남프랑스를 비롯한 지중해 연안 지역 등지에서는 고대 이래의 바퀴 없는 경량 쟁기가 중세 들어서도 계속 사용되었다. 바퀴 없는 경량 쟁기와 바퀴 달린 중량 쟁기의 차이점의 기술적 정의에 관해서는 정설이 없다. 전자는 소형이었기 때문에 바퀴가 없었다는 것이나, 발토판이 달린 후자를 사용하면 갈린 흙이 한쪽으로 던져져 높은 이랑을 만들 수 있다는 것 등이 양자를 구별할 때 많이 언급된다. 예전에는 바퀴 없는 쟁기를 사용하는 경우는 지중해성 기후에 대응하여 지표를 얕게 일굼으로써 흙 속의 수분 증발을 막는 것이 목적이라고 여겨졌으나, 중세에 걸쳐 바퀴 없는 쟁기가 스칸디나비아에서 사용되었다는 사실을 생각하면 꼭 지중해 지방의 기후 조건과 결부시킬 이유도 없어 보인다. 적어도 말할 수 있는 것은 이러한 바퀴 없는 쟁기를 사용하는 경작의 경우 장비가 간단하여 당나귀 같은 가축에게도 끌게 할 수 있었기 때문에, 개인 경영에 적합하며 밭이 반드시 개방경지제의 가늘고 긴 이랑 형태를 취할 필요도 없었다는 사실이다. 이와 같은 다양한 이유로 바퀴 달린 중량 쟁기가 사용되지 않았던 지역에서는 바퀴 없는 쟁기가 계속 사용되었으며, 그것이 불규칙한 형태의 경지로 구성된 경관과 개인적·독립적인 농업 관행을 키워낸 것이라 생각된다.

🌿 초봄에 이루어지는 포도나무 가지치기. 도끼낫으로 여분의 가지를 쳐내고 있다. 포도밭이 뾰족한 울타리로 둘러싸여 있는 모습도 보인다. (1490년경. 파리, 아스날 도서관)

근대 농업과 비교하면 중세 농업은 비료가 압도적으로 부족했다. 비료를 대량으로 투하하는 근대 농업에서는 더 이상 휴한이 필요 없었다. 반면 중세에는 비료라고 해야 가축의 배설물 이외에는 이회토泥灰土, 물에 이긴 석회를 섞은 흙-역자 주를 뿌리는 정도밖에 방법이 없었다. 가축우리 등에서 나오는 귀중한 말과 소의 분뇨를 삽으로 정성껏 작물에 주는 것 외에, 휴한지에 마을 가축을 방목하여 지력 회복을 촉진하는 것도 이를 이용한 방법이었으며, 이것이 중세 유럽 농업의 한계였다. 이 점에서 콩과 식물 재배의 발달은 지력 회복에도 크게 기여했다. 이렇게 보면 복수의 농작물 재배와 가축 방목을 양립하는 삼포제가 중세 유럽 농업 기술의 기축이었다는 사실을 잘 알 수 있다.

이렇게 재배된 곡물의 수확에는 초승달 모양의 작은 낫을 사용했는데, 다 자란 줄기 한가운데 부근을 베어내고 한 아름 크기의 다발로 묶은 뒤, 높이 쌓아올려 건조시킨 다음 짐수레로 헛간에 옮겼다. 그 후 지면에 늘어놓은 곡식 다발을 도리깨로 두드려 탈곡하고, 키나 천에 담아 흔들어 겨와 티끌을 제거하여 낟알을 골라냈다. 그것을 수차로 움직이는 절구를 이용해 제분하면, 겨우 빵을 굽기 위한 밀가루가 만들어지는 것이다.

곡식 이외의 작물 가운데서는 와인용 포도가 중요하다. 현재보다도 온난했던 중세 유럽에서는 잉글랜드 등에서도 널리 포도가 재배

❧ 포도 수확과 열매 으깨기. 하지만 포도 으깨기는 와인 양조와 마찬가지로 실내 작업이었을 것이다. (1270년경. 파리, 프랑스 국립도서관)

되었다. 한편 와인의 상업 생산과 수출을 위해서는 입지 조건으로서 무거운 나무통 운반에 알맞은 화물선이 항행 가능한 하천 가까이에 있을 것이 중요했다. 보르도나 라로셸의 와인 생산은 대서양 항로를 통한 잉글랜드와 플랑드르 지방 수출에 의해 지탱되었다. 또한 프랑스에서는 기후 조건이 포도 재배에 적합했던 지중해 연안 지역보다도 와인 수요가 높은 북부(파리 분지 북부, 알자스, 샹파뉴, 부르고뉴, 루아르 강 유역)에서 먼저 포도 재배가 발달했다. 이러한 사실은 포도라는 상품성 높은 작물의 지리적 분포의 특징을 잘 나타내고 있다. 실제로 평판 높은 와인이 가져다주는 이익은 컸으며, 전술한 조건에 맞는 지역에서는 이를 추구하며 앞을 다투어 포도 재배에 나섰다.

중세의 와인은 유리병에 담아 코르크로 마개를 하는 방법이 알

♣ 유럽에서 멜론은 채소로 취급된다. 미식가였던 교황 바오로 2세(재위 1464~1471)가 멜론 애호가로 유명하다. 1465년 7월 26일~8월 22일에는 무려 145개의 멜론을 자신의 식탁에 올리게 하였다. 1471년 7월 26일에 급사했을 때는 멜론을 너무 많이 먹은 것이 원인이라는 소문까지 돌았다. 당시의 멜론은 이 사본 삽화에서처럼 수박 크기만 한 것이나 럭비공 모양을 한 것 등 여러 종류가 있었다. (15세기 초반. 빈, 오스트리아 국립도서관)

♣ 올리브 열매 수확. (13세기 말. 프랑스 리옹 시립도서관)

려지지 않아 장기간 보존할 수 없었기 때문에, 새 술 판매가 가까워지면 전년도 와인 가격은 폭락했다. 현재와는 반대로 양조 직후의 와인이 고가로 거래되었던 것이다. 그래서 영주는 생산 직후 일정 기간, 자신이 생산한 와인을 독점적으로 선행 판매할 특권을 가지고 있었다.

그 밖의 농산물로는 섬유 산업의 원료가 되는 공예 작물을 들 수 있다. 양에서 얻어지는 양모에 더불어, 마나 아마 같은 섬유 식물, 쪽과 꼭두서니 등 염료 식물의 재배가 이루어졌다. 플랑드르 지방 등지에 많았던 마밭은 농가 근처에 마련되었다.

14세기 이후 이들 공예 작물의 생산은 크게 발전했는데, 그 무렵에는 도시에 판매

♣ 왼쪽 위에서 오른쪽 아래로 양상추, 양파, 마늘, 아스파라거스, 시금치, 살구, 레몬, 트뤼프. (15세기 초반, 오스트리아 빈 국립도서관)

하기 위한 채소(양상추, 양배추, 당근, 순무, 양파, 마늘, 멜론, 버섯류 등)와 과일(살구, 오렌지, 레몬 등)은 물론, 독일에서는 맥주 양조에 사용되는 허브인 홉의 생산도 활발해졌다. 지중해 지역에서는 고대 이래 식용유를 얻기 위한 올리브 재배가 계속되어왔으며, 12~13세기 이후 그 생산이 확대되었다.

2. 목축

농촌의 가축은 예로부터 울타리를 친 방목지 외에 관목 지대나 숲 등에서도 방목되었다. 그런 점에서 대개간 시대에 삼림 벌채가 진행된 것과 삼포제하에서 휴한지 방목이 보다 조직적으로 이루어지게 된 것은 표리일체의 현상이었다. 그러나 휴한지에 나는 풀만으로는 먹이가 부족했으므로, 그 밖의 방목지나 겨울 사료를 위한 목초지가 필요했다. 목초지에서는 6월경 날이 긴 큰 낫을 이용해 건초를 수확했고, 그 후 한 달 정도 지나 다시 풀이 자라면 그곳에 가축을 방목했다.

♣ 6월에는 가축의 겨울 사료를 비축하기 위해 큰 낫으로 건초를 수확했다. 벨트에 매단 주머니에는 숫돌이 들어 있다. (1181년경. 이탈리아 크레모나 주교좌 교회 보물고)

♣ 숫돌로 큰 낫을 갈며 풀을 베고 있다. (1260년경. 프랑스 브장송 시립도서관)

지중해 연안 지역과 알프스 등 산악 지역에서는 겨울 동안 평지에서 기르던 소, 양, 염소 등의 가축을 여름이 되면 산지의 방목지로 데려가 방목하는 계절마다의 이동 방목이 늦어도 12세기 이래 시작되었다.

돼지는 천적이 없었기 때문에 숲에 방사해두면 그만이었다. 가을이면 떡갈나무 도토리Gland 를 먹고 살찐 돼지

를 도살하여 겨울의 보존식으로 만드는 광경은 농사력 12월 장면의 단골이다. 이 돼지 방목은 널리 이루어져 삼림 일반의 넓이를 나타낼 때, 돼지 한 마리 방목에 필요한 삼림 면적을 가리키는 그랑데(프랑스어)라는 단위가 사용되었을 정도였다. 또한 돼지 방목의 권리는 흔히 임대의 대상으로서 삼림 소유자의 수입원이 되기도 했다.

돼지의 지방인 라드는 농민의 식사에 필수적이었다. 13세기 이후 올리브유와 버터가 보급되었다고는 해도, 그것들은 사치품이었기 때문이다. 그래서 중세에는 북부·중부 가릴 것 없이 유럽 전체에서 라드가 서민의 식사에 이용되었다.

✦ (위)수확한 건초를 헛간으로 옮기고 있다. (1510년경. 오스트리아 국립도서관)
✦ (중간)돼지 도축. 1270년경에 제작된 이 사본 삽화에서는 소를 도축할 때처럼 도끼날 뒷면으로 미간을 내리치고 있다. (1270년경. 파리, 프랑스 국립도서관)
✦ (아래)가을 숲에서 돼지에게 도토리를 먹이고 있다. 농민과 돼지 모두 생기가 넘쳐, 중세 전성기의 활력이 느껴진다. (1270년경. 프랑스 국립도서관)

경작과 짐수레 운반을 위해서는 소와 말이 필요했다. 소보다 말이 더 운반상 효율 면에서 뛰

어났으나, 아직 그 수가 적었다. 운반에 있어서는 당나귀와 노새가 마소의 부족분을 보충했다. 또한 양은 다양한 용도로 도움이 되었으며, 그 중에서도 양모와 양피지를 얻을 수 있다는 점에서 중요한 가축이었다.

고기를 얻기 위한 용도로는 돼지와 함께 소와 양이 큰 비중을 차지했으며, 여기에 더하여 가금류 (닭, 거위, 오리 등)도 사육

♣ 어느 왕비를 태운 짐수레. 15세기의 짐마차 구조와 말 매는 법을 잘 알 수 있다. (1470~75년. 스위스 마르텡 보드메 재단도서관)

했다. 소고기는 의외로 농촌부에서도 자주 섭취했다는 사실이 중세 농촌 유적에서 출토된 뼈의 분석을 통해 알려져 있다. 이들 가축, 가금과 그 알은 농가의 식료가 되었을 뿐 아니라, 잉여분은 시장에 판매함으로써 가계에 보탬이 되었다. 또한 착유용으로는 소나 양과 함께 염소도 산악지대 등에서 널리 사육되었으며, 더불어

그 고기도 보조적인 식료가 되었다.

14세기 이후에는 특히 양과 소의 사육이 발전했다. 양의 경우에는 모직물의 원료가 되는 양모의 수요 증대가 그 배경에 있었다. 잉글랜드에서는 흑사병 대유행에 따른 인구 감소로 방치된 경지를 재이용한다는 목적도 있어, 15~16세기에 이전까지의 개방경지를 울타리로 막고 양의 방목지로 활용하는 것이 확산되었다. 이는 나중에 제1차 인클로저 운동이라 불리게 된다. 이베리아 반도에서는 1273년, 카스티야 국왕 알폰소 10세가 이동 목양업자의 전국 조직인 메스타Mesta를 조직하고, 이동 방목 경로와 방목지 통제에 관한 특권을 부여하여 그 활동을 보호했다. 그러나 이 메스타 경영의 중심에 있던 것은 실제로 목양에 종사하는 개개의 양치기가 아니라, 기사단과 수도원을 비롯한 지배 계층의 사람들이었다.

소의 사육은 프랑스 노르망디 지방, 저지 지방, 북유럽 등에서 발달했으며, 식육과 동시에 도시 시장을 대상으로 한 치즈와 버터 등 유제품도 생산했다. 곡물 가격이 침체되었던 중세 후기에도 유제품과 가축 가격은 비교적 안정되었기 때문에 목축 경영은 농가에 유리하게 작용했다. 이와 같은 14~15세기 목축의

♣ 돼지 피를 모아 식용으로 쓰기 위해 목을 가르고 있는 모습이 그려진 16세기 초의 사본. 돼지를 사다리에 매다는 방식은 아주 최근까지 사용되었다고 한다. (1505년경. 프랑스 국립도서관)

🔸 베어낸 목재를 당나귀로 운반
하고 있다. (15세기 후반. 프랑스 국
립도서관)

🔸 닭과 거위 등 가금류 사육은 널리 이루어졌다. 그 알도 소중한 수확물이었다. (15세기 초
반. 오스트리아 국립도서관)

발전상은 제3부 농촌의 주택 단락에서 다시 서술하겠지만, 저지
지방 등의 농가 건물에 가축우리가 포함된 모습에서 특히 잘 드러
난다.

3. 숲의 일

농촌을 둘러싼 삼림의 경제적 중요성은 앞에서의 설명을 통해
이미 밝힌 바와 같이, 우선 개간하여 밭을 만들어내는 대상이었으
며 그대로 가축의 방목지가 되기도 했다. 또한 건축과 수공업용 자

☙ 양치기와 양들. 6월의 양털 깎기 작업 풍경. (1510~25년경. 프랑스, 루앙 시립도서관)

☙ (왼쪽 위)4월경이 되면 겨울 동안 가축우리에 넣어두었던 소, 양, 염소를 방목했다. 양치기의 일도 바빠진다. (1525년경. 오스트리아 국립도서관)

☙ (왼쪽 아래)초가지붕 농가에서 치즈를 만들고 있다. (15세기 후반. 파리, 프랑스 국립도서관)

☙ (중간)양을 울타리 안에 넣고 젖을 짜고 있다. (14세기. 대영 도서관)

재로 쓰이는 목재를 얻을 수 있다는 점은 말할 것도 없을 것이다.

그 밖의 숲의 산물로는 가장 먼저 장작과 숯이라는 연료를 들 수 있다. 석탄과 이탄泥炭은 중세에도 쓰였으나, 보조적 연료에 머물렀다. 반면 목재 연료는 중세뿐만 아니라 프랑스 등에서는 19세기에 이르기까지 주요 연료의 지위를 유지했다.

숯 굽기도 다른 용도의 목재와 마찬가지로 나무꾼이 나무를 베어 넘어뜨리는 것부터 시작된다. 수목의 벌채는 수액이 나오지 않는 겨울에 이루어지는 경우가 많으며, 숯 굽기는 여름의 작업이었다. 유럽의 숯 굽기는 벌채한 목재를 숲 속 공터에 반구형으로 쌓아올리고, 그 겉면을 진흙으로 덮은 뒤 쪄내는 방법이 사용되었다. 일본처럼 전용 가마를 설치하지는 않았다. 숲 속을 이리저리

♣ 치즈 전문점. 현재의 치즈 모양과 같다.
(15세기 초반. 오스트리아 국립도서관)

♣ 착유와 버터 만들기 작업 풍경. (16세기 초
반. 파리, 프티 팔레 미술관)

이동하면서 숯을 구우면 그러한 곳들에는 검은 원형 숯 자국이 생기는데, 이는 과거에 그곳에 숲이 있었다는 귀중한 증거가 된다. 하지만 나무꾼이든 숯장이든 숲 속을 이동하며 일하던 사람들의 실태는 그다지 알려져 있지 않다.

밤과 호두, 과일과 버섯 채집도 농촌의 식생활에는 빼놓을 수 없었다. 특히 수확 직전의 단경기端境期나 기근 때는 중요한 보조 식료가 되었다. 그중에서도 밤은 프랑스 중남부와 이탈리아 산악지방 등 충분한 경지를 확보할 수 없던 지역에서 곡물을 대신해 탄수화물 공급원이 되었다. 밤죽과 함께 밤빵도 만들어졌지만, 생산지 안에서 소비될 뿐인 향토 음식이었던 듯하다. 또한 호두는 압착하여 기름을 짜냈다.

♣ (왼쪽)숯 굽는 풍경. (15세기 중반. 빈, 오스트리아 국립도서관)
♣ (오른쪽 위)나무하기. (1510~25년경. 프랑스, 루앙 시립도서관)
♣ (오른쪽 아래)벌통으로는 짚으로 짠 종 모양 바구니가 쓰였다. (15세기 초반. 빈, 오스트리아 국립도서관)

양봉은 주로 숲을 무대로 이루어졌다. 천연 벌집을 직접 채집하기도 했지만, 중세에는 이미 짚으로 엮은 종 모양 벌통을 사용하고 있었으며 조직적 양봉도 시작되었다. 고대 지중해 세계에서는 양봉이 활발히 이루어져 아리스토텔레스, 베르길리우스, 바로Marcus Terentius Varro, 콜루멜라Lucius Junius Moderatus Columella 등의 저자가 많은 양봉 연구서를 남겼으므로, 양봉 기술은 아마도 고대 지중해 문명으로부터 전해졌을 것이다.

독일의 제국 도시 뉘른베르크 교외에 펼쳐진 로렌츠 숲과 제발트 숲이라는 신성 로마 제국 황제 소유의 두 숲에는 황제 직속 양봉 전문 취락이 27곳, 양봉원이 92곳이나 존재했다. 그들은 황제

🐝 11세기 남이탈리아에서 그려진 양봉 사본 삽화.
(로마, 바티칸 도서관)

🐝 숲은 늑대 등 야수가 사는 위험한 공간이기도 했
다. 농가 바로 근처에 놓인 늑대 덫. 이후 어떻게
되었을까. (1408~10년. 파리, 프랑스 국립도서관)

에 대해 '봉밀금蜂蜜金' 이라 불리는 조세를 바치는 대신, 독립한 양봉 재판소를 갖는 등 많은 특권을 황제에게 인정받고 있었다. 이 사실은 숲에서의 양봉 권리와 삼림 그 자체의 지배권 사이의 관계를 잘 보여준다.

이 밖에 숲은 다양한 광물 자원의 채굴지이기도 했다. 그 전형이 노천굴露天掘, 갱도를 파지 않고 광석을 지표에서 바로 캐내는 일-역자 주로 채굴되는 일이 많았던 철광석이며, 숲에서 생산되는 숯을 연료로 하는 소형 노爐를 이용한 제철 작업 또한 삼림 내에서 이루어졌다. 14세기에 수차를 이용한 송풍 장치가 등장하자 제철장은 강가로 이동하지만, 그래도 숲에서 멀리 떨어지지는 않았다. 기와와 벽돌, 유리 생산도 마찬가지다.

제철의 경우, 사회 전체적으로는 생산된 철 대부분이 기사의 갑주와 무기에 사용되었으나, 제철업의 발전이 철제 농구 및 도구의 제조와 보급을 촉진했다는 점에서 농민에게 있어서도 중요했다.

이렇게 보면 목재 연료의 채집을 필두로 숲은 여러 가지 물자의 수요를 충족시키는 공간이었음을 쉽게 상상할 수 있을 것이다. 농민을 비롯한 많은 사람들이 숲 속 깊이 들어갔기에 은둔자나 무법자, 마법사만이 살던 세계라고는 할 수 없게 되었다. 그 결과 14세기에 이르러서는 과도한 벌채 탓에 일부 삼림의 황폐가 문제시되기 시작한다. 전술한 바와 같이 숲의 이용은 늘 사회적인 긴장 관계를 내포하고 있던 것이다.

4. 어업

교회가 육식을 금지한 매주 금요일과 사순절(부활제 전 일요일을 뺀 40일간)의 단백질 보충을 위해 생선은 필수적인 식재료였다. 청어와 대구를 비롯한 바닷물고기와는 별개로, 유럽 내륙에서는 잉어와 송어 등이 잡혔고, 바다에서 내륙 하천으로 거슬러 올라오는 뱀장어, 연어, 철갑상어도 자주 잡혔다.

중세에는 철갑 상어가 론 강, 지롱드 강, 포 강 등을 거슬러왔던 모양으로, 말리거나 소금에 절여 거래되었다.

뱀장어는 가장 인기 있던 생선 중 하나였다. 12세기 후반 프랑스에서 쓰인 『여우 이야기Roman de Renart』에도 주인공인 교활한

♠ (왼쪽 위)그물을 이용한 어획. 파리에서 제작된 사본 삽화. (1317년. 파리, 프랑스 국립도서관)
♠ (왼쪽 아래)아비뇽 교황 궁전의 교황 클레멘스 6세의 서재인 '사슴의 방' 벽에 그려진 양어지와 그곳에서 물고기를 잡는 풍경. 1343년에 제작되었다. 방 이름의 유래가 된 사슴 사냥 그림도 그려져 있다. 모두 교황에게는 그리 어울리지 않는 세속 세계의 정경이다. (프랑스 아비뇽 교황 궁전)

여우 르나르Renart가 생선 장수의 짐수레에서 뱀장어 묶음을 훔치는 이야기가 나온다. 뱀장어는 수차를 돌리기 위해 흐름을 막아놓은 못에서 잡아 수차지기의 부수입이 되거나, 그들에게 부과되는 조세의 일부가 되기도 했다. 저지 지방에서는 연안부의 소택지沼澤地에서 대량으로 잡혔다고 전해진다. 플랑드르 백작령의 1187년 연차 회계부에서는 생선 수입란에 기재된 청어, 가자미, 뱀장어 가운데 숫자로는 뱀장어가 9할 이상을 점하고 있다.

수도원 같은 곳에서는 양어지養魚池를 마련하여 잉어 등을 양식했다. 이와 같이 중세 유럽에서 어획과 생선 소비가 적었던 것은 아니다. 하지만 고기에 비하면 생선은 그다지 인기 있는 식재는 아니었고, 금식일에 먹는 고기의 대용품이라는 지위에 만족해야 했다. 농촌의 식생활에서 차지하는 비중도 별로 높지 않았으며, 내륙 하천에서 어업에 종사하는 사람도 많지는 않았다.

5. 바날리테 장치

중세 유럽에서는 영주 재판권을 바탕으로 봉건 영주가 주민의 생활에 필요한 시설을 설치, 유지하는 동시

♣ 지금도 콩크 마을(프랑스, 아베롱 주)에 남아 있는 빵 굽는 공공 가마. (저자 촬영)

에 그 이용을 주변 주민에게 강제하고 사용료를 징수하는 영주 지배의 관행이 정착해 있었다. 프랑스어로 바날리테라 불리는 그러한 사용 강제의 대상이 되었던 것이 제분 수차, 빵 굽는 화덕과 와인용 포도 압착기이다. 모직물을 마감할 때 짜낸 모직물을 적셔 두드리는 축융縮絨 공정용 수차나, 맥주 같은 맥아 양조주 제조가 활발하던 지역에서는 그를 위한 전용 시설이 사용 강제의 대상이 되기도 했다.

이들 중 가장 널리 확산되어 있던 것은 제분 수차의 바날리테이다. 수차는 이미 기원전 1세기에 고대 로마 세계에서 완성된 기술로, 중세 들어서도 각지에 건설되고 있었다. 1085년 작성된 잉글랜드 왕국 전체의 토지 조사 대장인 둠스데이 북에는 합계 5,624대의 수차가 있었다고 기록되어 있는데, 이를 평균 내면 50가구마다 수차 한 대가 있었다는 말이 된다. 정미된 쌀과 마찬가지로 제분된 밀가루의 보존성이 좋지 않아, 빵을 굽기 위한 밀은 수시로 제분해야 했으므로 제분용 수차의 수요는 클 수밖에 없었다.

그래서 영주가 설치한 제분 수차의 관리와 영업은 전문 직인인 제분업자가 맡아서 했다. 그는 물레방앗간에 상주하며 근처 주민

♣ (왼쪽)제분 수차로 곡물을 옮기는 여성. (15세기. 뉴욕, 모건 도서관)
♣ (중간)헛간 안에 설치한 포도 압착기로 으깬 포도 열매의 즙을 짜고 있다. (16세기 전반. 프랑스, 루앙 시립도서관)
♣ (오른쪽)풍차에서도 마찬가지로 제분이 이루어졌다. (14세기. 런던, 대영 도서관)

🕯 현재 파리의 샤틀레 광장 옆에 있는 퐁 오 샹주 다리 자리에는 이 그림과 같은 '방앗간 다리'가 놓여 있었다. 그곳에는 교각 사이의 배에 제분 수차가 실려 있어, 파리 시민에게 밀가루를 공급했다. (1317년. 파리, 프랑스 국립도서관)

에게 의뢰받은 곡식을 제분했는데, 완성된 가루를 넘겨줄 때 가루의 16분의 1가량을 수고비로 제했다. 그 비율은 영국, 독일, 프랑스 어디든 거의 비슷하다. 그러는 한편 일본의 다구茶臼와 비슷한 모양의 자가용 맷돌의 사용을 영주가 금지했기 때문에, 직접 제분하여 제분 값을 절약하려는 사람들에게 수차의 바날리테는 원망의 대상이었다.

이 바날리테를 영주에 의한 경제적 강제라는 측면에서 볼 것인가, 농민 개개인으로는 건설도 유지도 불가능한 대형 시설의 보급 계기로 받아들일 것인가에 관해서는 다양한 논의 가능성이 있을 것이다. 지금 여기에서는 그것보다도 중세 유럽의 농촌에서는 **빵**을 만들기 위한 제분과 **빵** 굽기, 와인이나 맥주 생산이 봉건 영주의 지배하에 놓여 있었다는 점을 강조해두고 싶다.

♠ 대장간의 작업 풍경. (14세기 중반. 런던, 대영 도서관)

6. 농촌공업

앞에서 서술한 제분, 빵 굽기, 와인과 맥주 양조는 현대식으로
말하면 농촌에서 이루어지는 식품공업이라 할 수 있는데, 이 밖에
도 농촌에서는 여러 가지 수공업이 영위되었다. 농촌의 사회적 역
할의 기본이 식량 생산에 있었기 때문에, 사본 삽화 등에는 농업이
나 목축 작업 풍경만이 그려져 있지만, 수공업 또한 농촌의 환경과
농민의 생활 사이클에 확실히 자리 잡고 있었다.

먼저 눈에 들어오는 것은 마을의 대장장이다. 그들은 본래 영주
를 섬기는 직인으로서 말에 편자를 박는 등의 일을 하는 동시에,
마을 사람들이 사용하는 농기구를 제조하는 독점권도 가지고 있
었다. 그래서 농민들은 재료가 되는 철을 직접 대장간에 가져다주
거나 농기구 제작비를 지불하고 제작을 의뢰해야 했다. 하지만 그
래도 마을 대장간의 활동이 왕성했다는 사실은 곧 그들의 일이 농
민에게 불가결했으며 농촌에 철제 농기구가 보급되어 있었다는

🔥 (위)말을 나무틀에 고정한 채 편자를 박고 있다. (13세기. 프랑스, 샤르트르 대성당의 스테인드글라스)
🔥 (아래)편자를 박기 위한 이러한 나무틀은 프랑스어로는 '트라바유'라고 불리며 지금도
농촌부에서 찾아볼 수 있다. 생 앙토냉 노블 발(프랑스, 타른에가론 주)의 예. 이것은 주로 소
에게 편자를 박는 데 사용되었다. (저자 촬영)

증거가 된다.

　대장장이가 제조한 농기구는 다양하여, 밭을 가는 도구(쟁기 날, 곡
괭이, 삽, 괭이 등)에서부터 곡식을 수확하는 초승달 모양 작은 낫, 건초
를 베기 위한 대형 낫, 손도끼, 도끼, 나이프 등에 이르렀다. 말과
소의 발굽에 편자를 박는 것도 대장장이의 일로, 지금도 유럽의 농
촌에는 편자를 박을 때 말이나 소를 고정하는 설비가 남아 있는 경

❧ 생 앙토냉 노블 발에서는 최근까지 사용되던 무두질 공방을 볼 수 있다.
❧ (왼쪽)중앙의 시내에 놓인 돌다리를 건너가 왼쪽 건물 1층에 무두질 공방이 있다. 오른
　쪽의 돌기둥과 목제 들보로 된 건물 2층에서 무두질을 끝낸 가죽을 말렸다.
❧ (오른쪽)공방에는 돌로 만들어진 수조가 줄지어 있다. (모두 저자 촬영)

우가 종종 있다.

　가축의 가죽을 무두질하여 구두 등, 가죽 제품의 원재료를 생산
하는 피혁업皮革業은 가축을 사육하는 농촌과 가죽 수요가 높은 도
시의 틈새에 위치하는 산업으로, 농촌과 도시 양 쪽 모두에서 이루
어졌다. 다만 무두질에는 대량의 물이 필요했기 때문에 작업장은
강이나 운하 가까이에 마련되는 것이 일반적이었다.

　섬유 산업 또한 농촌과 도시 양쪽 모두와 관계가 있었다. 중세
유럽이 남성 중심 사회였다는 것은 의심할 여지가 없으며, 여성의
노동에 관한 사료는 조금밖에 남아 있지 않다. 그 가운데 여성이
참가했다는 사실이 확실히 밝혀진 분야가 모직물부터 아마 제품
까지 다양한 직물을 만들어내는 일련의 작업이다. 특히 프랑크 시
대까지의 모직물 생산은 실패를 이용한 제사製絲 작업부터 베 짜기
까지 작업 대부분이 농가 여성의 가내노동으로 이루어졌다. 11세
기 이후 그들 공방은 도시로 이동하여 남성 직인에 의한 전문화와
분업화가 진행되어갔다.

❧ (맨위)아마에서 섬유를 추출하기 위해 두 가지 작업을 통해 줄기를 쪼개고 있다. (1510~24년. 빈, 오스트리아 국립도서관)

❧ (왼쪽)녹로를 회전시켜 도기를 제작하고 있다. (1504~14년. 프랑스, 생 디에 시립도서관)

❧ (오른쪽 중간) 올리브유 제조를 위해 올리브 열매를 분쇄하는 장치. 왼쪽에 말을 연결하여 돌을 회전시켰다. (프랑스 보클뤼즈 주 고르드의 물랭 데 부용 박물관) (저자 촬영)

❧ (오른쪽 아래)나무통 만들기. 나무통에 테를 씌우고 있다. (13세기. 프랑스, 부르주 대성당의 스테인드글라스)

　　마와 아마의 경우에는 섬유질이 든 줄기를 수확한 뒤, 물에 적셔 반복해서 두들기는 방법으로 섬유를 추출했는데, 이 공정은 여성을 비롯한 농가의 가내노동 중 하나로 이루어졌다. 사본 삽화에 그려져 있는 광경은 그것을 잘 나타내준다.

이 밖에 도기 제작은 겨울 농한기 두세 달 동안 농민이 부업으로 하기도 했다. 올리브나 호두에서 기름을 짜는 것도 농민의 일이었고, 와인 생산지에서는 오크통 제조도 그들에게 맡겨져 있었다.

7. 농촌의 정기시

중세의 농민은 밭 농사뿐 아니라 영주에게 연공을 가져다 바쳐야 했으며, 잉여 농산물을 시장까지 운반하여 직접 판매하기도 했다. 유통 면에서의 분업이 발달하지 않은 중세 유럽 사회에서 직인이 자신의 공방에서 만든 물품을 그 자리에서 판매한 것과 마찬가지였다.

따라서 농촌이라도 그곳이 지역 경제의 중심인 경우에는 중소도시와 같이 정기시가 열리는 일이 적지 않았다. 이를 파고들어 가다 보면 어디에서 농촌과 소도시를 구별하는가 하는 문제에 봉착하는데, 그 경계는 서로 겹쳐 있었다고 할 수 있을 것이다. 농촌에 관한 이 장의 마지막에서 그러한 농촌 정기시의 모습을 관찰해보자.

농촌의 정기시는 매주 특정 요일에 개최되었는데, 유럽에서는 마켓Market, 마르셰Marché, 마르크트Markt 등으로 불렸으며 역사적 의미로는 주시週市라 번역되었지만 현재는 시장 일반을 가리키는 말로 바뀌었다. 이에 비해 보다 규모가 크고 또한 1년 중 특정한 시기에만 도시에서 열리는 정기시는 영어로 페어Fair, 프랑스어로는 프와르Foire라 부르며 독일어로는 야르마르크트Jahrmarkt라고 한다. 흔히 연시年市라고 번역되는데, 연시가 독일어로 메세Messe라고도 불리듯이 연시, 주시를 불문하고 이들 정기시는 교회에서 미사를 드리는 일요일에 자연발생적으로 생겨나 교구민이 물물교환 형식으로 생활에 필요한 물품을 주고받던 것이 기원이 되었다고 여겨진다. 다만 일요일은 그리스도교의 안식일이기 때문에, 교회의 지도 아래 차츰 평일로 변경된 것이다.

농촌의 정기시는 12~14세기에 발전했다. 프랑스에서는 1150~1270년대에 영주가 정기시 개최권을 국왕에게 구입하는 경우가 늘면서 영주가 주도하는 형태로 정기시가 확산되어갔다. 동시기 잉글랜드

♣ 디브쉬르메르의 시장 건물. 하프팀버 양식의 단층 구조. 벽이 설치된 것은 아마도 겨울의 추위 대책일 것이다. 지금도 토요일에는 이곳에서 시장이 열린다. (저자 촬영)

♣ 디브쉬르메르의 시장 건물 내부. 창문이 거의 없어 조금 어둡다. (저자 촬영)

에는 6~7km 간격으로 시장이 있을 정도여서, 한 지역 내에서 요일이 겹치지 않도록 주시 네트워크가 형성되었다. 농민은 이들 정기시에 직접 생산한 여러 가지 농산물과 가축을 가져가 판매했다.

영주에게도 주시는 중요했다. 13세기경까지는 상품 거래 자체에 세금이 붙는 경우는 아직 없었지만, 시장에서의 거래에 관해서는 그 땅의 영주가 치안 유지와 원활한 거래를 보증하는 대가로 시장 이용세와 점포 개설세를 징수했기 때문이다. 또한 정기시는 영주 자신이 잉여 생산물을 매각하는 장이기도 했다. 이처럼 농촌에서의 상거래가 발전할수록 그것은 영주의 중요한 수입원이 되어갔다.

이와 같은 농촌부 시장의 모습을 지금껏 잘 전해주고 있는 것이 프랑스 남서부에 남아 있는 바스티드이다. 취락 중앙에는 가로세로 50m 정도의 정방형 광장이 있고, 그 일각에는 비 오는 날에도 장사를 할 수 있도록 기둥과 지붕만으로 구성된 시장 건물이 서 있는 경우가 많다. 자세한 사항은 '칼럼 1. 바스티드'를 참조하길 권하고 싶은데, 바스티드에서는 곡물을 중심으로 한 농산물을 농민이 직접 판매했다.

바스티드는 아니지만, 프랑스 노르망디 칼바도스 주에 있는 디브쉬르메르Dives-sur-Mer에는 벽으로 둘러싸였으며 기와를 얹은 목조 시장 건물(15세기)이 현존하고 있다.

또한 일반적으로 시장 건물 2층에는 지방 관청, 그보다 더 위쪽 지붕 꼭대기에는 사람들에게 시장의 개시와 종료를 알리는 종루가 설치되는 경우도 많았다. 프랑스 지롱드 주 아키텐 지방의 라 레올La Reole에는 12세기 후반에 세워진 로마네스크식 석조 건축물로 프랑스에서 가장 오래된 시장 건물이 현존하고 있는데, 그 1층에는 곡물 시장, 2층에는 지방 관청이 위치하여, 2층 방에서는 마을 재판 관리들의 회의가 열렸다. 시장 건물의 공공적 성격이 엿보이는 대목이다. 일찍이 교회의 종과 경쟁하듯 울렸을 시장 건물의 종은 이와 같은 세속 공동체의 자치를 가장 잘 상징하는 존재였다.

♣ (아래)프랑스 오트가른 주 르벨의 시장 건물과 그 꼭대기에 높이 솟은 종루.(저자 촬영)

디브쉬르메르와 마찬가지로 라 레올의 경우도 이미 지방의 소도시로서, 농촌이라 하기는 어렵다. 그러나 더욱 규모가 큰 도시라도 시청사 전용 건물이 지어지는 것은 14세기 이후의 일임을 생각하면, 프랑스 농촌 지역에 남아 있는 이러한 시장 건물은 농촌과 도시를 불문하고 지방 정기시에서 이루어진 상거래야말로 도시적 정주지의 주된 기원이었다는 사실을 잘 말해준다.

column 2. 농사력으로 보는 농민의 1년

1년의 달력을 각 달의 노동과 사람들의 행사로 표현하는 예술적 모티브는 기원전 10세기의 게제로 히브리어 비문에까지 거슬러 올라간다고도 한다. 하지만 이 농사력이 헤브라이즘의 전통에 속하는가, 중세 들어 창조된 것인가는 분명하지 않다. 또한 같은 유럽이라 해도 지역에 따라 다달의 노동 내용은 달랐기 때문에 다소의 차이를 수반하면서 중세에는 사본 삽화, 교회의 석조 조각, 성가대석 하단의 나무 조각, 프레스코 벽화 등 다양한 분야에서 농사력이 계속 제작되었다. 현재 일본에 4월에 시작하는 '연도'가 있듯이(일본의 회계 및 교육 연도는 4월 초에 시작되어 이듬해 3월 말에 끝난다-역자 주) 중세 유럽에서는 1년의 기점이 1월 1일인 경우는 드물고, 크리스마스나 성모의 수태고지 축일(3월 25일), 부활제에 이르기까지 나라와 지역마다 차이가 있었다. 그러나 농사력은 1월에 시작되므로 그에 따라 농민의 1년 생활을 따라가 보자.

1월은 겨울의 생활 풍경 또는 지난해와 새해 양쪽을 바라보는 두 얼굴을 가진 고대 로마의 신 야누스 등으로 표현된다. 야누스의 경우 술잔치를 벌이는 모습으로 그려지는 것은 크리스마스부터 1월 6일의 공현제(公現祭, Epiphany까지 2주 동안 축

✤ 구약 성서의 '시편'만을 독립시킨 '시편집'과 '사도서'라는 달력이 실린 기도서에 농사력이 그려지는 경우가 많았다. 후자의 대표가 『베리 공작의 매우 호화로운 시도서』, (1415년경 제작: 프랑스 콩데 미술관) 7월 페이지를 펼치면 이런 모양이다.

하와 연회가 계속되기 때문이다. 그 후로는 2월의 사육제를 마지막으로 부활절 전의 금욕 기간에 들어간다. 이 무렵은 우기이기도 하여, 난로 앞에서 불을 쬐며 젖은 신발을 말리는 농민이 그려진다.

3월부터는 봄 곡물(보리와 귀리)을 위한 쟁기질과 파종, 포도 가지치기 등 밭 농사가 시작된다. 4월과 5월은 만물이 움트는 봄을 맞아 집 밖에서 계절을 즐기는 정경이 묘사되었다. 독일과 영국 등에서 기념하는 5월 1일의 5월제는 게르만적 수목樹木 신앙에서 유래한 봄 축제였다.

6월에는 겨울 사료로 쓸 건초가 될 목초를 큰 낫으로 수확하는 작업을 비롯하여 휴경지 쟁기질, 양털 깎기 등 여러 가지 농사일이 줄을 잇는다. 7월은 대망의 주곡 가을밀(밀과 호밀)을 수확하는 달이다. 중세에도 14세기경까지는 초승달 모양 작은 낫으로 윗부분만을 베어냈다. 조금이라도 흘리지 않도록 주의했을 것이 틀림없다. 8월은 도리깨를 이용한 밀의 탈곡, 9월과 10월은 포도 수확 및 포도를 짜내 와인을 만드는 정경이 일반적이다. 이 무렵에는 가을 곡물을 위한 쟁기질과 파종도 실시했다.

11월이 되면 월동 준비가 시작된다. 숲에 방목한 돼지에게 떡갈나무 도토리를

잔뜩 먹여 살을 찌우고, 12월에 그것을 도축하여 보존식품인 염장육이나 소시지로 만들었다. 이 무렵이 되면 낮이 점점 짧아지면서, 크리스마스를 맞이하기 위한 12월 초 대강절待降節, Adventszeit의 시작과 함께 사람들의 의식은 이듬해 사이클로 향해갔을 것이다

가장 오래되었다고 여겨지는 농사력. 왼쪽 위 1월부터 오른쪽 아래 12월까지가 배열되어 있다. 이 9세기의 농사력과 제1부 모두에 소개한 15세기 후반의 농사력을 비교하면 일부 내용이 다르다. (809~821년, 빈, 오스트리아 국립도서관)

제2부
도시의 생활

중세시대의 유럽에서는 농업 이외의 다른 생업에 종사하는 사람들 또한 농촌에서 활동했다. 후술하듯 자급자족 사회가 아니었던 중세 초기 유럽 세계에서는 여러 가지 생활용품이나 거주지에서 구할 수 없는 음식과 기호품, 사치품 등을 매매하는 '상인', 그리고 가축용 편자, 무구와 농기구 등을 제작하는 대장장이 같은 수공업자가 농촌은 물론 수도원의 소령에도 필요했기 때문이다. 도시의 탄생과 함께 그러한 수공업과 수공업 제품의 거래를 담당했던 '상공업자'는 점차 그들이 일하기 좋은 일정한 장소에 정주하기 시작했다. 그들이 모여들어 정착한 공간이 바로 도시라는 세계였다.

제2부에서는 우선 중세 유럽에서 도시 공간이 어떻게 성립해갔는지 알아보고자 한다.

제5장 중세 도시의 탄생

1. 로마 도시에서 중세 도시로

4세기 이후 진행된 로마 제국의 붕괴는 유럽의 도시 생활에 커다란 영향을 미쳤다. 이탈리아 반도에서 발원하여 서유럽 대부분을 정복한 로마 제국은 고도의 도시 문명을 구축하고 있었으나, 게르만 민족이 침입하면서 제정 로마의 도시 문명은 쇠퇴하게 된다. 다만 로마적 도시의 전통이 완전히 사라진 것은 아니며, 이탈리아 반도와 남프랑스를 비롯한 지중해 연안 지역에서는 로마 도시의 전통이 중세 유럽으로 계승되었다.

고대 도시와 중세 도시의 연속성

파리와 마르세유, 쾰른과 트리어, 로마와 나폴리 같은 유럽의 주요 도시는 6세기 이후로도 지역의 중심지로서 존속했다. 물론 많은 로마 시대 도시가 중세 초기에 버려지거나 혹은 도시의 영역이 축소되거나 했다. 중세 초기에 도시를 유지한 것은 가톨릭교회이며, 특히 주교의 존재가 고대에서 중세로 도시의 일정한 연속성을 유지하는 데 공헌했다고 여겨진다. 프랑스와 이탈리아에서는 대다수 주교좌 도시가 존속했다. 중세 초기 유럽에서는 상업도 전부

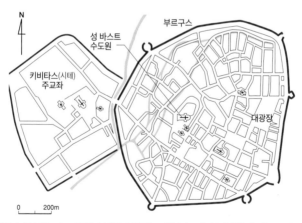

♣ 아라스 도시도都市圖. 로마 시대의 키비타스 외부에 7세기 건설된 생 바스트 수도원을 핵으로 중세의 아라스는 성장했다.

소멸하지는 않아, 메로빙거 왕조 시대에는 지중해 상업이 여전히 계속되고 있었고, 마르세유와 툴롱을 비롯한 지중해 연안의 항구 도시가 번영했다.

카롤링거 시대

카롤링거 시대(8~9세기)가 되면 북서유럽을 중심으로 세속 영주와 수도원이 소령의 기증과 개발을 통해 토지 소유를 확대하는 한편, 지역의 거점이 될 만한 장소에서 시장이 열리면서 취락의 발전이 눈에 띄기 시작한다. 또한 영주의 성채와 수도원이 지역의 군사적 방위 거점으로 기능하여 보호받는 공간을 만들어냄으로써 사람들이 모여 살게 되어 도시적 취락이 성립했다. 예를 들어 본래 고대 로마의 주교 도시Civitas였던 북프랑스의 아라스는 7세기 창건된 생 바스트 수도원의 입지로 인해 도시의 중심이 주교좌에서 생 바스트 수도원을 중심으로 한 부르구스Burgus라 불리는 공간으로 옮겨져, 부르구스를 중심으로 중세의 도시 공간이 발전해갔다.

일찍이 벨기에의 역사가 앙리 피렌은 카롤링거 시대 이후의 서유럽이 이슬람의 지중해 진출로 상업 활동의 장을 잃어 폐쇄적 자급자족 경제로 퇴화했다고 보고 도시 생활과 상업 활동의 쇠퇴를 강조했으나, 최근에는 오히려 카롤링거 시대야말로 농업의 발전을 배경으로 잉여 생산물을 거래하는 시장이 다수 생겨나 사람들이 모이는 장이 형성되었고 상품=화폐 유통이 진전되었음을 강조하게 되었다. 카롤루스 대제(재위 768~814)의 은본위제銀本位制 채책을 국제 상업의 쇠퇴에 따른 것이 아니라, 은화라는 소액 화폐 유통에 의한 지역 경제 활성화를 반영한 것이었다고 보게 되었기 때문이다. 그와 같은 화폐의 조폐소 대부분은 도시 취락에 설치되어, 10세기 이후 도시가 지역 중심지로서 발전하는 데 공헌했다. 또한 수도원도 지역 경제의 거점으로서 도시적 취락의 형성 및 발전을 촉진했다. 이 시기의 스위스 장크트갈렌 수도원에 남아 있는 새로운 수도원 건설을 위한 계획은 비록 실현되지는 않았지만, 수도원이 외부에서 찾아오는 사람들에게 대응하는 조직으로서 도시적 기능을 가진 공간을 창출했음을 시사하고 있다.

2. 중세 도시의 단체 형성

기원 1000년

유럽에서는 10~11세기 이후 전개된 농업혁명(개간 발전과 농기구 개량, 삼포제 농업 경영 시스템 발전 등)과 광업(은, 철의 채굴)의 발전, 상업 활동 활성화 등을 배경으로 상인과 직인이 지역 중심지로서의 도시적 취락에 모여 살게 된다. 북서유럽에서는 모직물 공업을 위시한 수공업의 발흥이 플랑드르 지방과 북프랑스 지방을 비롯한 많은 중세 도시의 발전과 확대를 불러왔다.

기원 1000년 이후, 북쪽에서의 바이킹으로 대표되는 노르만족의 침공이나 동방 유목 민족의 서진도 그치면서 서유럽에는 상대적 평화가 회복되었다. 특히 동지중해와 북서유럽에서 각각 상업 활동이 활성화된 것은 이 시기 도시의 발전을 크게 촉진하는 역할을 했다고 할 수 있다.

지중해 세계와 북서유럽

지중해 세계에서는 이탈리아 반도의 항구 도시(아말피, 피사, 제노바 등)를 중심으로 해양 교역이 발전했다. 이탈리아 반도 서남부에 위치한 항구도시 아말피는 비잔티움 제국(콘스탄티노플)과의 교역을 통해 번창하여, 유럽에서 가장 오래된 항해법인 아말피 율법Tavole amalfitane이 제정된 것으로도 유명하다. 제노바와 피사, 베네치아도 11세기 이후 동서지중해 세계에서의 교역으로 번영하여 이탈리아에서 가장 먼저 코무네Comune라 불리는 자치도시를 형성했다.

한편 북서유럽에서도 유럽대륙과 잉글랜드, 스칸디나비아 간의 교역이 왕성해지면서, 10세기 이전부터 수많은 상인 정주지가 발전한다. 도레스타트, 틸, 칸트비크를 비롯하여 많은 상업지가 생겨나고는 사라져갔다. 과거에 생각했던 만큼 상업 활동만이 도시를 만들어낸 것은 아니었다. 도시의 생성·발전에는 상업은 물론 다양한 요인이 관계했다. 그러한 요인 중 하나로서 해당 장소가 지역의 중심지 기능을 가질 필요가 있었다. 중심지 기능이란 특정 장소가 주변 지역에 대해 군사, 경제, 종교 또는 정치적 흡인력을 발휘함으로써 사람들을 끌어당겨 집주지가 되어가는 기능으로, 고대 도시와는 다른 새로운 도시 풍경을 만들어냈다. 중세의 도시

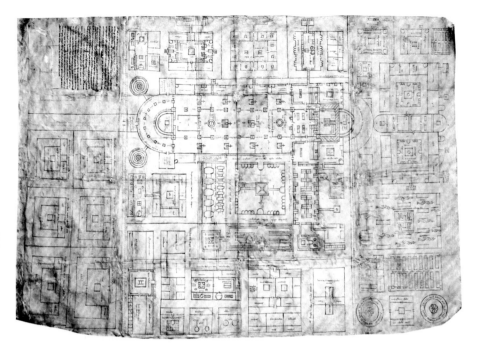

♣ 장크트갈렌 수도원의 설계도(9세기). 스위스 동부 장크트갈렌 수도원을 대상으로 825~30년경 작성된 수도원 설계도. 순례자 숙소와 의료 시설도 있어, 외부에서 찾아온 순례자나 가난한 사람 등에게 열린 시설을 목표로 하였음이 엿보인다.

는 지역의 수공업 생산, 소비·교환 시장의 중심으로서, 또한 숭경崇敬, admiration받는 성인의 성유물이 안치된 교회·수도원을 수용하는 종교적 중심지로서, 11세기 이후 발전해간 것이다. 이러한 중세 도시 중에서도 파리는 센 강 중류에 위치한 프랑스 왕국의 정치적 수도로서의 위치까지 차지하면서, 종교적, 경제적, 문화적 기능이 집중된 북서유럽 최대의 도시로 성장했다.

단체 형성의 장

11세기 이후 유럽에서 도시가 형성되어가는 가운데, 도시에 정주하는 주민들은 특정한 단체를 조직하여 각자의 권리와 안전을 확보하려 했다. 그 선구자가 상인들의 단체인 길드였다. 가장 오래된 상인 길드는 11세기 전반(1020년경), 북부 저지대의 상업 도시 틸에 존재했다. 상인 길드는 아직 불안정한 사회를 이동하며 상거래에 종사하던 사람들의 상호부조 동료단체로서 본래 동료들 사이의 제례祭禮, 제의祭儀와 깊이 연관되어 있었다. 길드의 어원이 된 고대 북유럽어 길디Gildi가 '연회', '축제' 등을 의미하던 것에서도 그 사실을 유추할 수 있다. 상인 길드의 규약 가운데 가장 오래되었다고 하는 북프랑스 생토메르Saint-Omer의 규약(1100년경)을 살펴보면, 도시 내 질서 유지, 친목을 위한 연회 개최, 시내에서의 폭력 금지, 시내의 길과 시문 등의 정비 비용 제출 규정 등 도시의 공동체 형성을 촉진하는 여러 가지 규정이 포함되어 있는 것에 주목할 만하다. 그러나 상인 길드는 유럽의 모든 도시에 존재한 것이 아니며, 상인 이외의 도시 주민을 포괄하는 광범위한 조직이 아니었기 때문에 이것이 그대로 중세 도시 자치체 일반을 형성하는 요인이 되지는 못했다.

도시 제도의 발전

북서유럽 도시의 주민 자치체 형성에 오히려 중요했던 것은 초기 중세 시대부터 존재하던 참심인Échevin이라는 영주 재판 관리(심

판자)의 존재였다. 그들은 본래 카롤링거 시대의 장원 제도 속에서 주교와 제후 같은 영주 아래 위치하며 재판을 담당하는 관리로 기능하다가, 12세기 이후 들어서는 경제 거점이 된 도시 취락을 지배하는 도시 영주의 관리로서 도시 주민의 재판 기구를 관장하게 된다. 참심인직은 영주 관리의 가계 외에 상인이나 토지 소유자 등 초기

✤ 생토메르(북프랑스)의 도시 인장. 앞면에는 도시의 재판을 관장하는 에슈뱅(참심인)의 모습이 새겨져, 법인격을 가진 도시로서의 지위를 나타내고 있다.

도시의 유력자층에서 구성되어 도시의 민사, 형사 재판을 관장했으며, 차츰 도시 자치 기구의 주축이 되는 시정 기관(도시 참사회)으로 발전해갔다. 현재도 북프랑스와 벨기에의 에슈뱅, 네덜란드어로는 스헤펀Schepen이라는 단어가 자치체의 직위(보좌역)로 남아 있는 것을 보면 중세 도시의 제도적 전통이 오늘날까지 존속하고 있음을 알 수 있다.

이탈리아에서는 11세기 이래, 도시의 자치적 제도는 콘솔리Consoli, 집정직라 불리는 관리에게 맡겨졌다. 제노바와 피사, 밀라노 등 콘솔리직을 중심으로 자치권을 얻은 도시를 의미하는 코무네Comune는 도시 내부뿐만 아니라 콘타도Contado라 불리는 주변 영역도 재판 관할 영역으로 지배하게 된다. 13세기 이후 특히 피렌체와 시에나, 베네치아 등은 코무네로서 강력한 도시국가를 형성했다.

✤ 시에나 도시 관리의 작업 풍경. 시에나의 출납관 둘이서 일을 하고 있다. (1388년. 시에나 국립문서관)

도시화와 도시 인구

11세기 이후 유럽의 도시화 프로세스는 북서유럽과 북이탈리아를 중심으로 진전되었다. 중세 중기까지의 유럽이 기본적으로 장원을 중심으로 하는 농촌 사회이며 '일하는 자' 가운데 농민이 다수를 차지했던 것은 분명하지만, 14세기 초두 시점에는 대륙 유럽 인구 7,500만 명의 약 20%에 해당하는 1,500만 명 이상이 도시에 거주했다고 추측되고 있다.

유럽의 개별 도시 인구 규모도 동시대 중국이나 이슬람 세계의 여러 도시와 비교하면 작았다. 그래도 1300~50년을 기준으로, 추계이기는 하지만 10만 명 이상의 인구를 가진 '특대도시'로서 파리

♣ 베네치아의 총독과 고문. (15세기, 콩데 미술관)

(20만), 밀라노(10~15만), 피렌체(10~12만), 베네치아(12만), 제노바(10만) 등
이 있었으며, 4만 명 이상의 인터로컬 '대도시'로는 런던, 쾰른, 헨
트, 브뤼헤, 피사 등을 들 수 있다. 대도시는 모두 모직물·금속 가
공업과 원격지 상업·금융업 등 상공업의 거점으로서 형성되었다.

　한편 인구 2,000명에서 1만 명 정도의 '중도시', 2,000명 이하의
'소도시'가 프랑스와 신성 로마 제국 도시의 80% 이상을 점하던 것
도 사실로, 그러한 중소도시의 상호 연계와 네트워크 기능이 광대
한 농촌 세계 속에 출현한 비농업적 취락으로서의 도시 공간이 지
향해야 할 바람직한 모습을 규정했다고 할 수 있다. 사람들의 집
주 공간으로서의 유럽 도시 풍경의 원형은 이 시대로 거슬러 올라
가는 것이다.

3. 도시 정체성과 공간 표상

도시 찬가의 기술

도시는 고대 오리엔트 이래 그 지위와 형태에 있어 늘 우주론에 입각한 상징적 이미지를 가지고 서술되어왔다. 중세 유럽의 도시 이미지 역시 '천상의 도시'와 '지상의 도시'라는 구약 성서에서 유래한 세계관에 의해 형성되어왔다고 할 수 있다. 4세기의 저명한 그리스도교 교부 아우구스티누스의 저작 『신국론De civitate Dei』에서

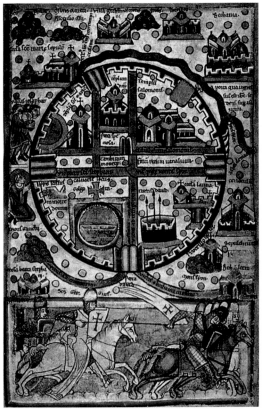

는 구약 성서 「창세기」 제4장에 등장, 인간 최초의 도시를 건설한 '카인 이야기'에 근거하며, 지상의 도시를 죄를 지은 악한 인간이 사는 공간으로

♣ 12세기의 예루살렘도. 당시의 세계지도처럼 원형으로 양식화되어 그려진 예루살렘의 도시 평면도이다. 원형 성벽 안에는 순례자가 방문하던 솔로몬 신전과 성묘 교회가 그려져 있다. (1170년경의 프랑스 사본. 헤이그 국립도서관)

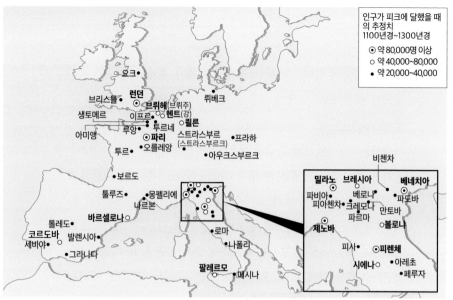

⚜ 중세 유럽의 대도시 분포. 10세기에서 13세기 사이에 북서유럽과 북이탈리아를 중심으로 유럽 유수의 상공업 도시가 성장하였다. 이 지도에서는 인구 2만 명 이상의 도시를 들고 있다.

서, 신의 사랑을 기반으로 한 '천상의 도시'와 대비하여 파악하고 있다. '천상의 도시'의 원형으로 여겨진 것은 구약 성서에서 신이 만들었다고 하는 예루살렘이었다. 예루살렘은 지상의 '성스러운 도시'로서, 또한 세계의 배꼽(중심)으로 인식되었던 것이다. 따라서 중세 초기에 그려진 최초의 도시도圖가 고대 말기 이래 서유럽 그리스도교도의 순례의 땅이 된 예루살렘이었던 것은 당연한 결과라고 할 수 있겠다. 이미 7세기에 예루살렘으로 순례를 떠났던 프랑스인 주교 아르쾰프가 그린 납화蠟畫가 9세기의 사본으로 남아 있는데, 거기에는 심플한 원형 시벽과 몇 개의 탑형 건물로 예루살렘이 표현되어 있다. 그 후 예루살렘 순례자 증가와 십자군 운동 전개를 배경으로, 12세기 이후 원형의 도식화된 예루살렘도가 수많이 그려졌는데, 그것은 '천상의 도시'로서 이미지화된 도시도이며, 현실의 도시에 대한 관심에 기초한 것이 아니었다.

한편 중세의 실제 도시에 대한 사람들의 관심은 고대 로마와의 연속성이 현저했던 북이탈리아의 도시에서 가장 먼저 나타난다. 8세기 전반(739년경)에 주교좌 도시 밀라노에서 운문 형식으로 쓰인 「밀라노 찬가」가 중세 도시민의 애향심을 나타낸 최초의 표현이라고 할 수 있을 것이다. 이 운문으로 쓰인 「찬가」 속 밀라노 거리는 9개의 문을 가진 시벽에 둘러싸여 있고, 농업적 풍요로움 넘치는 평야에 위치하며, 광장(포룸)과 포장된 가로, 수로와 교회를 갖춘 거룩하고 은총 가득한 공간이다. 성직자로 추정되는 무명의 저자는 도시 밀라노를 '천상의 예루살렘'에 견주고 있다.

이 「밀라노 찬가」 뒤를 이어 8세기 말(796년경)에 쓰인 「베로나 찬가」는 마찬가지 토포스topos, 정형적 표현를 사용하면서 고대 로마기의 원형 경기장과 포장된 가로, 광장, 시벽에 관하여 이야기하고, 이어서 이 도시의 성인들이 행한 기적과 그들이 남긴 성유물에 담겨 있는 공덕을 설명하며 풍요롭게 번영하는 도시의 모습을 묘사하고 있다. 이 운문 텍스트에는 나중에 삽입된 것으로 보이는 베로나의 도시도(9세기 말)가 첨부되어 있었다. 현재 18세기의 사본으로 남아 있는 이 베로나도는 중세 초기 유럽(북이탈리아) 도시의 생생한 조감도이다. 그려져 있는 것은 로마 시대부터 존재하던 원형 경기

♣ 베로나 도시도. 고대 로마기의 원형 경기장과 다리가 남아 고대 도시와의 연속성을 보여준다. 9세기경의 그림이지만 원본은 소실되고 18세기의 사본으로 전해진다. (베로나, 주교좌 성당 도서실)

장과 테오도리쿠스 대왕 시대의 시벽, 아치형 교각을 가진 돌다리, 곡물 창고, 산 피에트로 교회 등으로서 로마 도시의 전통을 계승한 주교좌 도시 베로나가 가진, 고대적 유산과 그리스도교적 신성성이 어우러진 이미지를 우리에게 전해준다.

　이러한 「도시 찬가Laudatio urbis」라는 장르는 12세기 이후부터 명확하게 도시민의 자의식과 긍지를 나타내는 것이 되어갔다. 도시의 창건 설화와 함께 도시 찬가가 많이 쓰인 것이 고대 로마 도시와의 연속성을 강하게 유지하고 있던 북·중부 이탈리아의 도시였음은 상상하기 어렵지 않다. 그와 같이 도시의 영광을 이야기하는 도시 찬가의 대표적 작품 가운데 하나로, 밀라노의 라틴어 교사 본베신 데 라 리바Bonvesin de la Riva(1240~1313)가 쓴『밀라노의 위대함에 관하여De magnalibus urbis Mediolani』(1288)가 있다. 이 책은 당시 15만 명 남짓한 인구를 가졌던 대도시 밀라노의 풍요로움을 표현하기 위해 곡물, 채소, 계절 과일 등의 소비량, 시벽의 길이 및 가옥, 우물, 교회와 소교구의 수, 제빵사와 내과의 등 다양한 직업인의 수치를 구체적으로 열거하고 있다. 거기에서는 '숫자를 통해 이야기한다'는 새로운(부르주아적) 심성이 엿보이는 점이 무척이나 흥미롭다. 이러한 도시 기술 스타일은 14세기 피렌체의 저명한 '상인 작가' 조반니 빌라니Giovanni Villani의 『신간 연대기Nuova Cronica』로 계승된다(칼럼 3을 참조).

도시의 시각적 이미지

그렇다면 중세 도시의 시각적 이미지는 어떻게 표현되었을까. 11세기 이래 유럽 각지의 수도원에서 작성된 세계지도(마파 문디)를 살펴보면, 도시의 이미지는 극히 모호했음을 알 수 있다. 1150년 경 마인츠의 하인리히가 작성한 세계지도(다음 페이지)에는 예루살렘과 로마, 산티아고 데 콤포스텔라 등 3대 순례지 외에 피사, 파리, 루앙, 쾰른, 트리어 등 다섯 도시가 기재되어 있을 뿐이다. 이들 도시는 모두 중요한 주교좌 도시로서, 당시의 교회 지식인에게 도시는 아직 주교 소재지 이상의 의미를 갖지 않았던 것으로 보인다.

그러나 13세기 중반 잉글랜드 세인트올번스 수도원의 수도사 매튜 패리스Matthew Paris가 작성한 『대연대기Chronica Majora』에는 잉글랜드 지방도와 함께, 그 자신은 가보지 못했던 대륙 유럽에서 예루살렘으로 향하는 순례길에 따른 일련의 도시 그림이 첨부되어 있다. 이 그림지도에는 런던에서부터 대륙의 북프랑스, 이탈리아를

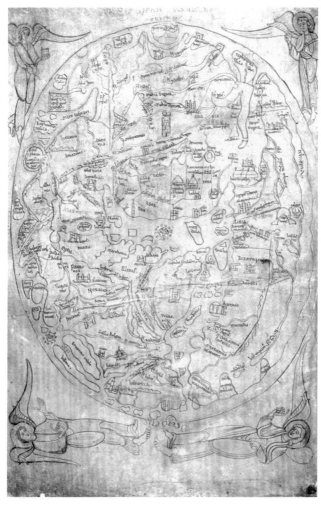

마인츠의 하인리히 세계지도. 12세기 중반에 작성된 마파 문디(세계의 천)라 불리는 세계
지도. 동쪽이 위로 가며, 지중해를 끼고 왼쪽 아래에 유럽, 오른쪽 아래에 아프리카, (위)
에 아시아가 그려진다. 지리적인 세계라기보다 성지 예루살렘을 중심으로 성서적 세
계의 이미지를 표현하고 있다. (케임브리지, 코퍼스 크리스티 칼리지)

거쳐 팔레스티나의 항구 도시 아
코까지 그려졌고, 각각의 도시를
둘러싼 시벽과 주요 교회, 탑형
건물이 소묘되어 성직자의 눈으
로 본 꾸밈없고 구체적인 도시 이
미지가 그려지기 시작했음을 알
수 있다.

13세기 후반부터 14세기 후반
에 걸쳐 이탈리아에서 성모 마리
아와 주교 등의 수호자가 도시 전
체를 보호하는 구도로 '성스러운
도시' 이미지가 그려지는 것도 흥
미롭다. 거기에서는 수호성인이
도시의 단순한 영적 수호자에 머

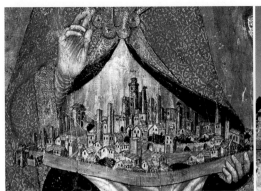

무르지 않고, 시벽으로 둘러싸인 도시 공간 전체를 수호하고 있었는데, 대표적인 화가로 타데오 디 바르톨로 Taddeo di Bartolo를 들 수 있다. 그는 시에나, 몬테풀차노, 산지미냐노 등 토스카나 지방의 도시가 각기 다른 수호성인의 손 위에서 보호받고 있는 제단화를 그렸다. 산지미냐노의 그림(1393년경)에서는 수호성인인 주교 성 제미니아노St. Geminianus de Modena가 왼손으로 이 도시의 미니어처를 안고 있다. 시벽에 둘러싸인 미니어처 도시 내부에는 코무네의 시청사, 시문, 높이 솟은 도시 귀족들의 탑 등 많은 건물이 상세히 그려져 있어, 도시민의 긍지가 반영된 듯 보인다. 이 그림

♣ 바르톨로의 그림 일부분과 오늘날의 산지미냐노. 「성지미냐노와 그의 생애 역사」의 일부를 구성한다. 산지미냐노의 수호성인인 성 제미니아노가 무릎 위에 놓인 도시를 보호하고 있다. (1339년. 산지미냐노, 시립미술관)
♣ 메오 다 시에나 작 「성 에르콜라노 주교」. 도시 페루자가 수호성인인 에르콜라노에게 보호받고 있는 제단화. (페루자, 움브리아 국립미술관)

♣ 지상의 도시와 천상의 도시(아우구스티누스). (아래)에 그려진 지상의 도시에는 가지각색의
신분과 직업을 가진 사람들이 도시 시벽 안에 나뉘어 묘사되어 있다. 아우구스티누스
의 『신국론』의 삽화. (15세기. 파리, 프랑스 국립도서관)

⚜ 도시 아레초를 습격하는 악마를 기도의 힘으로 물리치는 성 프란체스코가 그려져 있다. 조토의 프레스코화. (13세기 말에서 14세기 초. 아시시, 산 프란체스코 교회)

에서 성 제미니아노는 도시를 보호하고 축복하는 존재(도시의 수호자)로서 묘사된다. 『성 제미니아노 전기』에 따르면 그는 일찍이 산지미냐노 도시를 안개로 에워싸 동방 이민족의 침입으로부터 이 도

△ 쾰른 시벽을 묘사한 그림. 교회의 첨탑이 나란히 늘어선 수평적 시점에서 중세 쾰른의 경관이 표현되어 있다. (런던, 대영 도서관)

△ 성벽으로 둘러싸인 남프랑스 도시 카르카손의 현재 경관. 응축된 도시 공간이 인상적이다. 도시의 기원은 메로빙거 시대로 거슬러 올라가지만, 중세에 확장되었다.

시를 지켰다고 하며, 전기에는 그가 초월적 존재가 아닌 도시의 친근한 수호자로서 나타나 있다. 동일한 구도는 톰마소 다 모데나의 트레비소를 수호하는 성녀 카타리나(1360~70년경)와 메오 다 시에나의 페루자를 수호하는 주교 에르콜라노(14세기) 등 제단화에서도 찾아볼 수 있으며, 도시와 수호 성인의 강한 유대가 표현되어 있다.

도시의 양의兩義적 이미지

하지만 도시는 그처럼 성인에게 보호받는 '성스러운 도시' 이미지와는 대조적으로, 교회 지식인에 의해 오락과 사치, 범죄와 폭력 가득한 '악덕의 장'(바빌론)으로서 이미지화되기도 했다. 12세기에 이미 라인 지방 수도원장인 독일의 루페르트와 시토회Cistercian 수도원장인 클레르보의 베르나르 등 저명한 성직자들은 도시를 악의 소굴로 보고 비난했다. 베르나르는 설교를 위해 파리에 가서 파리

학교의 학생들에게 '(악의 소굴이 된 파리라는) 바빌론의 한복판에서 벗어나 자신의 영혼을 구원해야 한다'고 강설했다. 중세 중기까지 도시는 '거룩한 장'과 '악덕의 장'이라는 양의성을 가진 공간으로서 종교인에게 인식되었다고 할 수 있다.

⚜ 미델뷔르흐(저지대 지방)의 도시 인장. 중세 후기에 브뤼헤의 도시 귀족 블라델린가가 건설한 도시. 시벽에 둘러싸여 있으며 정면에는 종루가 솟은 도시의 경관이 새겨져 있다.

'악덕의 장'이라는 도시 이미지의 배경에는 상품=화폐 유통의 거점, 상업 활동의 거점으로서 도시가 내포한 그리스도교 윤리와의 상극이 존재했다. 11세기 이후 가톨릭교회는 '7대 죄악'(오만, 탐욕, 색욕, 격노, 대식, 질투, 나태) 가운데 '오만'의 죄 대신 '탐욕'을 가장 중대한 죄로 간주하기 시작하고, 고리대를 비롯한 상업·금융업에 종사하는 사람들을 대상으로 영혼 구제에 장해가 되는 화폐를 통한 부의 축적을 비난했던 것이다. 때문에 도시의 상인들은 상업·금융업을 통한 부의 획득을 어떻게 정당화하는가 하는 과제에 직면했다. 11~12세기는 상업으로 부를 얻은 '부자'라는 개념이 유럽에서 인지되어가는 한편, 잉글랜드의 성 고드릭과 이탈리아의 성 호모보누스처럼 상인·환전상으로서 성공한 뒤 그 부를 버림으로써 '성인'으로 추앙받는 인물들이 배출된 시대이기도 했다(미야마쓰 히로노리宮松浩憲 저, 『부자의 탄생金持ちの誕生』). 이 같은 부를 둘러싼 양의적 의식의 상극 속에서 12세기 말 이후 신학자들이 천

국과 지옥의 중간 영역인 '연옥煉獄, Purgatorium'의 개념을 도입한 것은 매우 중요한 변화였다고 할 수 있다. '연옥'이란 생전에 자신이 지은 죄를 속죄하지 못하고 죽은 사람이 고통과 심판을 받는 공간으로, 그곳에서는 설사 환전상 같은 죄인이라도 생전에 얼마간 선행을 베풀었던 사람은 연옥의 심판에 의해 지옥행을 면하고 천국으로 가는 길이 열릴 가능성이 주어졌다. 따라서 부자라도 생전에 가난한 사람을 위해 기부한 사람은 그 속죄 행위로 말미암아 사후에 영혼이 '연옥'에서 '천국'으로 인도받는다고 강설한 것이다(자크 르고프, 『연옥의 탄생La Naissance du purgatoire』).

이 논리를 밀고 나가 도시의 존재와 상업·금융 활동을 긍정하며 도시민을 대상으로 구제를 위한 설교 활동을 벌인 것이 13세기 등장한 프란치스코회를 비롯한 탁발수도회이다. 탁발수도회는 설립 당초부터 농촌이 아닌 도시를 무대로 설교 활동을 전개했다. 농촌이나 마을에서 떨어진 '황야'에 설립되는 경우가 많았던 과거의 수도회와 달리, 탁발수도회는 우선 '사람이 모이는 장소'를 찾아 도

♣ 중세 후기(14세기)의 취리히 풍경. (16세기 제작. 스위스, 아라우 주립도서관)

시민을 대상으로 사목司牧 활동을 했던 것이다. 이러한 탁발수도회의 도시 입지와 도시민을 대상으로 한 설교는 '악덕의 장'이라는 도시 이미지에 맞서, 도시민 가운데서도 특히 상인의 존재와 그 활동을 정당화하는 길을 열어주었다. 탁발수도회 출현 이래 도시 상인과 부유한 시민 대부분이 프란치스코회나 도미니코회 등에 귀의하여 자신의 재산을 탁발수도회에 기증한 것은 당연한 이치였다.

도시의 랜드마크

• 시벽

중세 유럽의 도시는 대부분의 경우 도시 공간을 에워싼 석조 벽에 의해, 주변 농촌 영역으로부터 구별되는 고유의 영역을 형성했다. 물론 모든 도시가 시벽을 건설한 것은 아니며, 또한 위벽을 가진 촌락도 존재했다. 그러나 시벽이 '중세 도시의 가장 중요한 물

프라 안젤리코의 프레스코화 배경에 그려진 성벽에 둘러싸인 도시. 「Pala di Santa Trinita」의 일부. (1437~40년경. 피렌체, 성 마르코 미술관)

리적, 상징적 요소였다'(J. 르 고프)는 사실은 부정할 수 없을 것이다. 시벽을 통해 도시는 가시적인 경계를 만들어내고, 도시 공간이 가지는 성스러운 상징적 힘을 창출했기 때문이다. '에워싸는' 행위는 도시뿐만 아니라 다양한 공간 구분에 있어 본질적인 의미를 가지고 있었다. 따라서 12세기 후반에 이탈리아 원정을 감행한 독일 황제 프리드리히 1세가 밀라노 시벽을 파괴한 것이나, 15세기 후반에 부르고뉴 공작 선량공 필리프와 아들인 용담공 샤를이 디낭 시벽을 파괴한 것은 군주 권력에 의한 도시 지배를 구현화하는 상징적 행위였다고 할 수 있다.

도시 당국에 있어 시벽 확대와 재건 활동은 외적에 대한 방위 목적만이 아니라 도시의 성장과 발전에 대응하는 데도 필요했다. 11세기부터 13세기에 걸쳐 많은 도시에서는 이전의 도시핵이 그 주변부와 융합함에 따라, 2차적 시벽 건설을 통해 도시 시역을 확대해갔다. 여기에서는 플랑드르 도시 브뤼헤의 사례를 소개하겠다. 브뤼헤는 11세기 말 최초의 시벽이 건설되어 70헥타르의 공간을 점유했으나, 그 후 인구가 증가하면서 13세기 말 제2차 시벽을 건설하여 약 6배 넓이인 430헥타르로 확대되었다. 그 공간은 이후 18세기에 이르기까지 유지되었으며, 오늘날에도 과거의 시벽 외측 해자(운하)를 따라 도시를 일주하면서 중세 도시 공간의 전개를 체험할 수 있다.

시벽은 도시 통합과 위신의 상징으로서 도시 인장과 화폐 도안에 상징적으로 표현되는 일이 많았다. 저지대 지방 미델뷔르흐의 도시 인장(125쪽 상단 사진)을 보면 시청사 건물을 중심으로 도시를 둘러싼 사각형 시벽이 강조되어 있다. 한편 시벽에 도시의 수호성인과 문장을 새기거나 화려한 의장을 달아 도시의 신성성과 정치적 권위, 경제력을 나타내는 상징적 기능을 부여하기도 했다.

시벽은 석회암과 사암 또는 벽돌을 쌓아 견고히 만들었으나, 그 높이와 크기는 도시의 인구 규모와 방위 기능, 지역 내 도시의 위신을 반영하여 가지각색이었다. 프랑스 국왕 필리

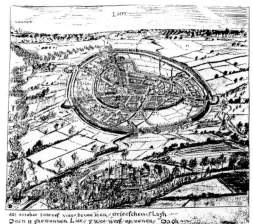

⚜ 숲 속의 뉘른베르크. (신성 로마) 제국의 숲 속에 위치한 뉘른베르크의 경관도. (16세기. 뉘른베르크, 게르만 국립박물관)

⚜ 프랑스 포레 지방의 소도시 푀르(Feurs)를 묘사한 세밀화. 도시 안에 집들이 밀집한 모습이 그려져 있다. 시벽 주위에는 해자가 설치되고, 시문 앞에는 다리가 놓였다. 시문 밖의 길을 따라서도 집들이 늘어서 성외구를 형성하고 있다. (파리, 프랑스 국립도서관)

프 오귀스트(재위 1180~1223)의 파리 시벽 건설은 파리의 도시 공간에서 왕의 권력이 미치는 지배 영역을 가시적으로 분명히 했다는 점에서 중요하다. 센 강 우안 지역을 둘러싸는 시벽 건설은 1190년대 시작되어 파리 시민이 비용을 부담하면서 1200년에 완성했다. 도시적 발전이 늦었던 좌안 지구는 왕실에서 비용을 부담, 1220년에 완성되면서 파리는 거의 원형에 가까운 공간에 둘러싸인다. 시벽 주위는 5.3km, 벽의 높이는 8m이며 상부에는 야간 감시용 순회로와 원탑圓塔이 설치되었다. 14세기 파리 인구가 20만을 헤아릴 만큼 증가하면서, 샤를 5세(재위 1346~1380)기에 이 시벽은 더욱 확대되게 된다.

· 시문

시벽 일부를 이루는 한편 도시 내부와 외부(농촌)를 잇는 경계적 역할을 한 시문은 벽, 문, 탑의 세 요소로 구성되어 외적을 막는 방위 시설로서 불가결한 건축물이었다. 이를 유지하기 위해 도시 당국은 막대한 비용과 노력을 들인다. 각 시문 경비(파수꾼)는 도시의 주요 직업 단체(길드) 구성원의 의무 중 하나였다.

아침기도를 알리는 종이 울리는 동시에 시문이 열리고 도시의 활동이 시작된다. 시문으로는 주변 또는 먼 곳에서 온 여행자와 농민이 잇따라 들어온다. 해질녘에는 저녁기도(6시경) 종소리와 함께 시내에서의 노동과 법률 행위의 종료를 고했다. 시문은 보통 끝기도(오후 8시에서 9시경) 종과 함께 닫혔다. 이탈리아 여러 도시에서 종종 나타나듯 시문에는 성모 마리아를 비롯한 도시 수호성인의 상이나 성인화, 성유물이 내걸리기도 했다. 이러한 조치는 시벽과 시문이 신성한 성격을 지녀 도시가 수호성인의 보호 아래있다는 것, 그리고 무엇보다도 도시가 종교적 공동체라는 것을 의미했다고 할 수 있다. 도시에는 시벽 밖에도 주변 농촌으로 이어지는 성외구城外區, Faubourg와 방리외Banlieue, 콘타도Contado라 불리는 시외 도시 지배 영역이 있어, 전시에는 근린 주민을 도시 안에 수용하는 경우도 있었다. 그런 의미에서 시

❧ 빈민이 시에나의 시문에서 쫓겨나는 정경. 14세기 전반의 세밀화. (피렌체, 라우렌치아나 도서관)
❧ 『생드니 연대기』에 그려진 파리의 시문 풍경. 사륜마차와 배로 상품을 운반해오고 있다. (14세기. 파리, 프랑스 국립도서관)

🌿 시에나의 현재 시문 풍경.

벽은 도시와 농촌을 시각적으로 구별하면서도 교류를 유지한다는
양의적 역할을 한 것이다. 중세 후기에 그려진 도시 경관도는 무
척이나 인상적으로 그러한 도시의 모습을 묘사하고 있다.

♣ (위)프란체스코 디 조르모 마
르티니가 그린 시에나의 경관
(1467년 시에나 국립문서관)

♣ (오른쪽)오늘날의 시에나 캄포
광장 및 정부 청사 (1289~1305
년 건축)

♣ (왼쪽)남프랑스 카오르의 방비된 다리에 시문이 설치
되어 있다.

• 광장

중세의 도시는 사적 공간과 공적 공간으로 구성되었다. 사적 공간은 도시 주민의 개인 주택과 가게, 정원, 채소밭 등이고 공공적 공간은 누구나 출입할 수 있는 곳으로서의 교회, 광장, 시장, 가도, 동업조합(길드)과 시청사 건물 등 공공 건축물로 이루어진다. 그 공사 공간의 틈새에는 선술집, 여관, 공중목욕탕, 창관娼館 같은 모호한 공간도 형성되었다.

현실의 중세 도시는 계획적인 건설보다 오히려 유기적 성장에 의해 만들어진 경우가 많다. 그러는 과정에서 도시의 본질적 요소가 된 것이 시장 광장(중심 광장)이다.

중세 도시 광장 공간의 대표적인 예로 여기에서는 플랑드르 도시 브뤼헤의 광장을 살펴보자. 브뤼헤에서는 시청사에 면한 뷔르흐 광장 burg square과 그에 인접하여 본래는 어시장으로 기능하던 대광장, 흐로터 마르크트Grote Markt가 함께 존재하고 있었다. 후자인 대광장에서는 매주 금요일이면 주변 농촌 농민과

⚜ 플랑드르 도시 브뤼헤의 대광장에서 열린 토너먼트. 중세 후기의 도시에서는 축제 때마다 시장 광장이 도시 귀족들의 토너먼트(마상창시합) 무대가 되곤 했다. 이 그림은 1468년 부르고뉴 공작 샤를 르 테메레르와 요크의 마거릿의 결혼식 축제로 브뤼헤 대광장에서 거행된 토너먼트를 묘사하고 있다. (15세기. 『노트르담 시도서』의 세밀화. 브뤼셀, 왕립도서관)

🔹 베네치아의 산 마르코 광장. (왼쪽)산 마르코 광장과 도제의 관저. 15세기의 프랑스 사본에서. (오른쪽)하늘에서 내려다본 현재의 산 마르코 광장 풍경.

정기적으로 찾아오는 외래 상인들에 의해 식료품과 일용품을 파는 정기시가 열렸으며, 광장의 세 방향에 면하여 각각 '물의 창고'라 불리던 거대한 상품 보관 시설, 모직물 길드 회관과 종루, 그리고 크리스토포루스 교회가 위치해 있었다.

이 광장은 상공업 활동의 중심이었을 뿐만 아니라, 도시 길드 조합원의 집회나 범죄자·반란자의 처형이 이루어지는 정치적 장이자, 또한 중세 후기에는 도시 귀족 및 부르고뉴 궁정 귀족들의 마상창시합(토너먼트)과 종교 행렬(프로세션) 등 이벤트가 개최되던 축제와 오락의 장이기도 했다. 이처럼 광장은 도시민이 영위하던 갖가지 사회관계의 결절점結節点으로서 작용하며 중세 도시에서 가장 중요한 공공 공간을 구성했던 것이다.

또한 이탈리아 도시에는 현재도 아름다운 광장Piazza이 수없이 존재하지만, 특히 토스카나 지방의 중세 도시 시에나의 캄포 광장 Piazza del Campo은 그 형태가 독특하여 주목할 만하다. 조개형 또는 부채형(반육각형)이라고 일컬어지는 형상으로, 일설에는 그 형태가 도시의 수호성인인 성모 마리아의 망토-시에나를 감싸 도시와 시민을 보호하는-를 표현했다고 하는데, 천상의 신비한 세계와 지상의 현실 세계가 융합하는 장이었다는 해석은 광장 공간이 가지는 상징성을 새삼 분명히 해주고 있다(이케가미 슌이치池上俊一 저, 『시에나-꿈꾸는 고딕 도시シエナ-夢見るゴシック都市』). 나아가 광장에서 이루어지던 프란치스코회를 비롯한 탁발수도회 수도사의 죄와 구제에 관한 설교는 도시민의 마음을 강하게 사로잡았다.

• 시청사

중세 유럽의 도시는 일찍부터 자치적 성격이 강조되어, 시청사 건물은 도시의 사법, 행정, 입법의 주축으로서 그 상징이 되어왔다. 시청사는 대부분의 도시에서 중심 광장에 면하여 세워졌는데, 전술한 시에나에서도 시청사Palazzo Pubblico는 캄포 광장 남쪽에 우뚝 서 있었다. 여기에서는 플랑드르 도시 브뤼헤의 시청사를 살펴보자. 대광장에 인접한 뷔르흐 광장 남쪽에 면해 있는 브뤼헤의

🔹 (왼쪽)뢰벤의 고딕 양식 시청사. (1448~63년 건축)
🔹 (오른쪽)브뤼헤의 종루. 중세에 1층 부분은 모직물 길드의 회관으로 사용되었다. 1486년
  완성한 탑의 높이는 83m.

시청사는 14세기 후반~15세기 전반에 완성된 고딕 양식의 흰색
사암 건물이다. 브뤼헤 자치 기관인 시 참사회와 참심인의 심의장
으로서, 2층의 후기 고딕 양식 대회합장은 부르고뉴 공국 시대에
저지대 국가 최초의 신분제 의회가 개최되는 등 다양한 정치 의례

의 장이 되었다.

중세 유럽의 고딕 양식 건물은 교회 건축으로 대표되는 경우가 많으나, 플랑드르 지방에서는 오히려 세속 건축인 시청사와 종루에서 그 특징을 엿볼 수 있다. 종루는 북서유럽에서 특히 중요한 세속 건축으로 주목받는다. 브뤼헤의 대광장 남쪽에 면하여 13세기 후반에 건설된 종루는 1층 부분이 모직물 업자 회관으로 사용되던 건물로, 15세기에 83m 높이의 탑을 갖추면서 그야말로 도시의 랜드마크로서 북프랑스 카테드랄 교회의 첨탑에 비견할 만한 높이와 아름다움을 자랑하게 된다.

- **대성당**(카테드랄 교회)

한편 주교좌에 건설된 수좌首座교회인 대성당(카테드랄)은 12세기 후반 북프랑스 생드니에서 최초의 고딕 건축으로서 탄생한 이래, 북프랑스에서 유럽 각지로 확산되었다. 파리와 랭스, 아미앵 등을 대표로 하는 대성당은 건설함에 있어 처음부터 도시민의 봉사와 헌금을 받으며 1세기 이상 건설을 계속하여 완성하는, 도시의 랜드마크를 형성하는 건축이었다. 13세기부터 짓기 시작했지만 종교개혁 등으로 도중에 건설이 중단되는 등의 우여곡절을 거쳐 건축 시작으로부터 무려 600년 이상이 지나 19세기 말인 1880년에 완성된 독일의 쾰른 대성당(실질적인 공사 기간은 350년)는 그중에서도 예외적인 사례이기는 하지만, 유럽 석조 건축의 시간적 계속성을 가장 극적으로 상징하고 있다고 할 수 있다.

♣ 랭스 대성당 정면. (1254년 준공)

♣ 장 푸케 작. 시테 섬의 노트르담 대
성당을 조망하는 파리의 풍경. (1450
년경. 브레멘 대학도서관)

♣ 쾰른 대성당. 1248년에 건설이 시작되었
으나, 그 후 오랜 기간 동안 중단되었다가
1824년부터 건설을 재개, 1880년에 준공
되었다.

♣ 시에나 대성당. (14세기)

4. 사람들의 생활공간

소교구—교회의 사목

그렇다면 도시에서 사람들의 생활과 거주의 장은 공간적으로 어떻게 나뉘어 있었을까. 중세 도시 주민에게 우선 중요했던 것은 가톨릭교회가 유럽 세계 전반에 그물코처럼 펼치고 있던 소교구 Parroquia라 불리는 행정 구분이다. 소교구마다 세워진 교구 교회가 농민과 마찬가지로 도시민에게 있어 가장 일상적인 생활 주기의 축을 이루었기 때문이다. 소교구 제도는 유럽 대부분의 지역에서 13세기 무렵까지 정비되어갔다. 교구 교회에 임명된 교구 사제는 교구 주민 일반의 사목을 맡아 매주 일요일 미사와 고해, 각 가구의 아이 출생(세례성사), 결혼(혼인성사), 그리고 죽음(병자성사)과 매장에 이르기까지 교구민의 인생 각 단계를 의례적으로 관장했다.

소교구는 교구 교회를 축으로 시벽 안팎에 여럿 설치되어 있었다. 소교구 수는 알프스 이북의 북서유럽이 이탈리아, 스페인 등 남유럽 도시에 비해

♣ 브뤼헤의 소교구 구분

적었던 듯하다. 예를 들어 토스카나 지방의 피렌체에서 시벽 안이 62개 소교구로 나뉘어 있던 데 반해, 북프랑스의 중소도시 상스에는 17개, 플랑드르 도시 브뤼헤에는 9개, 헨트에는 7개 소교구밖에 없었다.

그런데 중세 후기에 북서유럽 제1의 도시가 된 파리는 센 강 중앙에 위치한 시테 섬Cite Island과 우안, 좌안 등 세 개의 도시 영역으로 구성되었는데, 13세기 말까지 시테 섬에 14개, 우안 지구에 13개, 좌안 지구에 7개의 소교구가 설치되었다. 숫자상으로는 북유럽과 남유럽의 정확히 중간적 케이스라고 할 수 있겠다. 하지만 소교구의 면적은 일정하지 않아, 파리의 경우 시테 섬에서는 매우 좁고 우안과 좌안에서는 넓었다. 소교구 주민 구성도 마찬가지로 균등하지 않아, 우안 지구 남서부를 차지한 생 제르맹 오세루아 교구는 가장 많은 주민(1410가구)과 부유한 시민을 포함하는 반면, 같은 우안 북쪽의 시벽 근처 생 로랑 교구는 168가구로 적었던 데다 1297년의 과세 대장(타이유 장부)을 보면 그 8할 가까이(130가구)가 빈곤층이었다.

위의 1297년을 포함하여 1290년대부터 1310년대에 걸쳐 수년분의 기록이 남아 있는 주민의 과세 대장을 통해, 시테 섬 특정 소교구 주민들의 사회적 지형(직업적·사회적 분포)을 엿볼 수 있다.

1292년 작성된, 파리에서 가장 오래된 과세 대장 기록을 살펴보자. 시테 섬 동쪽, 노트르담 대성당 바로 서쪽에 위치한 생 마들렌 교구의 일부인 '유대인 거리'의 주민 리스트가 그것이다. 생 마들

생 마들렌 교구 유대인 거리(서쪽)의 주민(1292)		
인명	직업	과세견적액
외브로앙 알라르		100수
마시 알라르		4리브르 12수(92수)
퐁투아즈의 자노		18수
로뱅 알라르	(사용인)	12드니에
기욤	전모공剪毛工	4수
베르디의 미셸	모직물상	4수
보베의 장노트	모직물상	15수
보베의 그베르·장노트 주니어(남동생)와 드니즈(여동생)		15수
강완(剛腕)의 기욤		10수
재봉사 아드노	재봉사	2수
런던의 로지에		10수
앨리슨(며느리)		3수
독일의 앙리		30수
리샤르댕	(앙리의 사용인)	2수
아가스 (원수) 부인		40수
		합계 16명

렌 교구는 시테 섬 중핵부에 있어, 파리의 교구 가운데서도 비교적
풍족한 지구였을 것으로 추정된다. 생 마들렌 교구의 '유대인 거
리'에 사는 주민 40명에 관하여 들여다보면 제빵사가 많은 것이 특
징이었다. 또한 5수Sous에서 30수를 세금으로 내던 그 해의 과세액
중간 계층과 비교하면 그 과세액을 초과하는 납세자가 거리 주민
의 4분의 1에 해당하는 10명 있었다는 사실을 알 수 있다. 물론 중
세 도시 거주자의 부의 분포는 매우 다양하여, 지구에 따라 제각각
이었음은 틀림없지만, 유대인 거리의 예는 중세 파리의 거주 형태
의 한 가지 전형을 보여준다고 해도 좋을 것이다.

이 거리 주민의 태반은 직인이었으나, 부유한 장인과 상인도 거

생 마들렌 교구 유대인 거리(동쪽)의 주민(1292)

인 명	직 업	과 세 견 적 액
토마 라미	제빵사	12드니에
소小 기욤	제빵사	9수
에스푸아즈의 리샤	제빵사	18수
기욤 그라파	제빵사	30수
기욤 라미	제빵사	12수
런던의 로베르	제빵사	100수
장 파키에		22수
과부 잔	(죽은 장인 미셸의 아내)	7리브르 15수(155수)
아녜스 오 페브 부인		50수
조프루아	(과부 잔의 사용인)	5수
잉글랜드의 잔캥	제빵사	58수
두아의 기욤	제빵사	30수
라 로슈의 기욤	제빵사	12수
토마	기름공(장인)	14수
리샤르댕	(토마의 사용인[직인])	5수
노르망디의 피에르	제빵사(장인)	70수
쇼몽의 토마생	(피에르의 사용인[직인])	5수
노르망디의 피에르의 처제		34수
니콜라 셰픈	곡물(밀)상	12수
랑발의 티에리	구두공	8수
고티에	전모공	5수
펠리프 알라르	모직물상	36수
베아트리스	푸줏간 주인	5수
몽포르의 장노트	제빵사	12수
		합계 2 4 명

화폐 단위 : 1리브르Livre=20수Sous=240드니에Denier
출전 : Paris sous Philippe-le-Bel d'après des documents originaux et notamment d'après un manuscrit contenant le rôle de la taille imposée sur les habitants de Paris en 1292, éd. H. Géraud, Paris, 1837, pp.143-144.

주하고 있어 그 과세액은 무척 다양했으며 부자와 가난한 사람이 혼재되어 있었다.

행정구—시민 생활의 기초

한편 도시 주민의 일상적 생활 단위가 된 것은 도시 당국에 의해 구분된 행정구와 가구街區, 카르티에이다. 행정구와 가구는 교회의 행정 구분인 소교구와는 일치하지 않았으며, 도시 주민의 군역 소집과 징세의 단위로서 설치되었다.

브뤼헤의 사례를 살펴보자. 브뤼헤에서는 13세기 후반에 6개의 행정구(제스텐델)가 수로의 시문을 분기점으로 도시 공간을 형성하고 있었다. 이 행정구마다 구장(호프트만)이 선출되어 지구의 질서 유지와 징세에 관여했다. 그 중 세 행정구(성 야고보, 성 니콜라스, 성모 마리아)에 관하여 남아 있는 14세기 말(1394~96)의 과세 대장을 보면 최상층에 속하는 25명을 포함하여 부유층이라 추정되는 세대는 과세 대상이 된 총 3,526세대 중 고작 81명(2.3%)에 불과했고, 무려 83%의 세대가 하층에 속해 있었다. 또한 최상층 주민들의 직업은 와인상, 모직

♣ 뤼헤의 행정구(가구)는 사람들의 일상생활의 기반이 된 지구 구분으로서, 도시 중심에 위치한 대광장을 기준으로 펼쳐지는 6개 지구로 나뉘었다. 가구는 브뤼헤의 징세와 시민군 징병의 단위였다.

물상, 목재상, 향신
료상, 환전상, 거래
중개인 등 국제 상
업에 종사하는 상
인층이 차지했는데,
소수의 부자에게 부
가 집중되는 재산
구조는 앞서 살펴본
13세기 말 파리의
과세 대장에서도 나
타난 것으로서, 중
세 도시의 부의 편
재가 엿보인다고 할
수 있다.

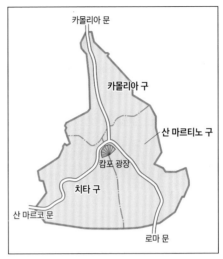

♣ 시에나의 삼분구(테르초). 중세의 시에나는 3개의 언덕
위에 저마다 만들어진 취락의 집적이 군사·행정 구
분으로서 삼분되어, 지역적 인간관계의 단위로 기능
하였다. 삼분구 내부는 가구(콘트라다)라 불리는, 사람
들의 생활·사회 단위에 의해 구성되었다.

가구–지연적 유대의 영역

이탈리아 도시 시에나에서는 행정구로서의 삼분구三分區, Terzo가
도시 주민의 기반이었으나, 그 더욱 하부에 시에나 시민의 일상생
활상 보다 긴밀한 지리적 공간이 있었다. 그것이 콘트라다Contrada,
街區라 불리는 지구 단위이다. 콘트라다는 저마다 독자적인 광장과
교회를 가져 지구 주민의 정체성을 상징했다. 시에나의 콘트라다
는 중세 후기에 40개 이상 있었지만, 18세기에 17개가 되었다. 콘

트라다는 현재도 시에나에서 벌어지는 팔리오(경마) 축제의 모체가 되었는데, 17개 콘트라다를 대표하는 기수가 캄포 광장을 세 바퀴 도는 경마 이벤트가 연 2회 벌어져 각 콘트라다의 명예를 걸고 경주하며 사람들을 열광시킨다고 한다. 파리의 카르티에와 마찬가지로 중세부터 근대에 걸쳐 가구는 집(가족) 레벨에서 사람들의 지연적·사회적 유대가 형성되는 장이었으며, 가구에 소속한다는 의식이 그들의 일생의 정체성을 이루었다.

가로

중세 도시 대부분은 계획적으로 만들어지지 않고 자생적으로 발전했다. 때문에 가로가 로마 도시처럼 직교하는 격자형 도시는 드물었다. 일반적으로 중세 도시의 길은 불규칙했으며, 또한 포장도 완전하지 않았다. 『생드니 연대기』에 서술된 필리프 오귀스트의 파리 왕궁에서의 일화는 그 사실을 잘 알려준다.

어느 날 국왕(필리프)은 궁전에서 그가 해야 할 일에 관하여 생각에 잠겨 있었다. 그는 거실 창문에 기대 때때로 그렇게 하듯 센 강을 바라보며 기분을 전환하려 했다. 그 순간 이륜마차와 사륜마차가 가로를 달려가 도로에 가득하던 진흙과 먼지를 일으키는 바람에, 견디기 힘들 만큼의 악취가 국왕이 앉아 있는 창문에까지 올라왔다. 얼굴을 찡그릴 정도의 악취에 그는 속이 메슥거려 창문에서 비켜났다……. 그리고 그는 파리의 재판관과 부르주아를 불러, 이 도시의 모든 가로와 도로를 크고 견고한 사암 포석으로 공들여 포장하도록 명했다.

또한 도시 풍속 안에 뿌리 내리고 있던 농촌적 관습으로, 가축을 도시 안에서 사육하거나 방목하는 습관이 있었다. 특히 잡식 동물인 돼지는 가로의 오물·쓰레기를 청소하는 역할을 했지만, 동시에 악취와 불결함으로 사람들의 혐오 대상이 되었고 무거운 체중 탓에 위험하기도 했다. 14세기 중반의 프랑스 왕 장 2세(재위 1350~1364)의 왕명으로, 파리의 도로 관리 조항으로서 파리 시벽 내부에서는 어떠한 돼지도 소유 및 사육해서는 안 된다는 금령이 발표된다. 또한 애완용 동물, 특히 개 역시 공중위생상 유해한 존재로서 때로 혹독한 조치(도살)가 도시 당국에 의해 시행되기도 했다.

14세기 이후 많은 도시에서 가로의 배설물 증가와 악취, 도로와 하수의 쓰레기 문제에 관한 법령이 발표되어, 도시 당국에 의한 공중위생 문제 자각과 도로 관리를 위한 포장도로세 도입 등의 조치가 취해져갔다. 그러나 15세기에도 도시의 도로가 늘 비좁음, 불편함, 비위생으로 인한 결함을 가졌음은 부정할 수 없다. 15세기 대부분의 도시의 공공사업비 가운데 가로 포장, 청소, 공중화장실 설치 등의 사업비 비율은 시벽 수선(방위 시설)비가 50%인 데 반하여 그 1할인 5% 정도밖에 되지 않았기 때문에 '많은 일들이 근대의 여명에 완수해야 할 안건으로 남겨졌던'(J. P. 르귀에Jean Pierre Leguay 저, 『중세의 가도La Rue au Moyen Âge』) 것은 분명하다.

제6장 도시의 노동

1. 시장과 상인

연시와 시장

중세 유럽에서 사람과 사람이 만나, 물건과 물건을 교환한 것은 무엇보다 '시장'이라는 장소였다. 중세 도시는 상공업 중심으로서, 시장은 도시의 가장 본질적인 요소를 이루었다. 대도시에는 시장이 많아 연시, 주시, 그리고 매일 열리는 시장 등 다양한 시장 공간이 존재했다. 연시는 특정한 도시에서 개최되었는데, 12~13세기에 번성한 샹파뉴의 대시大市와 중세 후기 프랑크푸르트의 대시가 특히 유명하다.

샹파뉴의 대시는 12세기 이래 모직물 공업으로 번영하던 플랑드르 지방과 북이탈리아

❦ 성 드니 축일에 열린 랑디의 대시(14세기). 파리 주교가 시장 (중간)에서 축복하고 있다. (파리, 프랑스 국립도서관)

도시 사이를 잇는 중계 지역이었던 북동프랑스 샹파뉴 지방의 네 도시(라니, 바쉬르오브, 프로뱅[2회], 트루아[2회])에서 격월로 각각 46일마다 연 6회 개최되었다. 네 도시는 지리적 조건이 뛰어나 북쪽으로 잉글랜드, 발트 해 연안, 남쪽으로 스페인, 이탈리아 상인들을 육로와 수로를 통해 끌어당김으로써, 전례 없는 '도매 시장' 겸 '환전 시장'을 형성한 것이다. 대시는 지역 영주였던 샹파뉴 백작 관할로 귀족과 시민 가운데 감독관을 뽑아, 개최지 도시마다 각각 운영되었다. 대시에서 거래된 상품은 다

♣ (위)저당을 잡고 돈을 빌려주는 금융업자. (14세기 말.『7대 악덕에 관하여』사본. 런던, 대영 도서관)
♣ (아래)볼로냐의 시장 풍경. 15세기 초반. 모직물상 등록부의 삽화. (볼로냐 시립박물관)

양하여 플랑드르, 북프랑스의 모직물, 아마포(리넨), 마(밧줄, 끈), 이탈리아의 견직물, 키프로스의 금직 등 직물 제품 외에 설탕, 소금, 목재, 곡물, 와인, 향신료, 밀랍 등 계량 상품, 염색용 재료(쪽, 연지벌레 등), 백반, 피혁, 모피 등이 유럽 각지에서 운반되어왔다.

이러한 도시의 대시는 대규모로 거래하는 원격지 상인들-그들에게는 샹파뉴 백작이 '안전통행장'을 교부하여 안전한 통행을 보증했다-만의 것이 아니라, 일반 주민들에게도 축제였다. 대시 개최 기간에는 마술과 곡예 등 여러 가지 볼거리가 피로되었고, 종글뢰르라 불리던 방랑 악사들이 거리에서 노래했으며, 선술집과 창관은 대시를 찾아온 많은 외래인들-근처 농민부터 멀리 이국에서 온 사람들까지-로 떠들썩했다. 13세기 후반부터는 환전상이 대시에서 중요한 역할을 하게 된다. 환전상 대부분은 이탈리아인, 유대인, 남프랑스의 카오르인 등으로, 그들은 대시 교역에서의 외화 환전을 맡아 대시 기준 통화였던 프로뱅의 드니에화와 각지의 온갖 통화를 교환하는 것은 물론, 대시에서 이루어지는 신용 거래(환이나 신용장을 통한 대리 거래 업무)와 대부업도 담당했다. 상인뿐 아니라 모든 계층 사람들이 대시에서 환전상에게 돈을

❧ 북프랑스의 시장 풍경. 돼지나 닭 등 가축과 천이 시장에서 팔리고 있다. (1403~05년. 파리, 프랑스 국립도서관)

빌렸다. 샹파뉴의 대시는 그런 의미에서 유럽 최초의 금융 시장이 되었다고 할 수 있겠다.

　오른쪽 그림에는 1411년경 이탈리아 도시 볼로냐의 시문 근처에서 열린 시장의 모습이 그려져 있다. 거래가 막 시작된 아침의 풍경으로, 점포에는 지붕이 달려 있으며 아래쪽 가게에는 벌써 손님이 찾아와 거래를 시작하고 있다. 이 그림은 볼로냐의 모직물 가공 길드 장부에 첨부되어 있는 것으로서, 그림 속에 묘사된 상품 대부분이 천 제품임을 알 수 있다. 그림 중앙 아래쪽에 상인 두 사람과 손님 두 사람이 보이는데, 한 손님은 상의를 입어보고 있으며 다른 한 손님은 두건을 손에 들고 살펴보는 중이다. 그보다 더 오

♣ 브뤼헤의 금융 시장. (비르사 브루겐시스, 17세기의 판화)

른쪽 아래에서는 점포 안의 상인이 고급스러운 푸른색 옷을 입은 손님에게 붉은 로브를 보여주고 있다. 또한 그 왼쪽에서는 마찬가지로 푸른색 옷을 입은 여자 손님이 가게 앞 테이블에서 비싸 보이는 천을 집고 있는 모습이 보인다. 그리고 가게의 작업대에서 남자 둘이 붉은 천을 가공하고 있는 모습도 묘사되어 있다.

시장은 물론 고가 상품의 거래뿐 아니라, 주변 농촌 사람들이 가축(돼지나 가금)과 농산물을 가져와 판매하는 일상의 식료품·물품 거래의 장이기도 했다. 또한 시장에서 먹고 마시는 사람들의 모습도 일상적인 풍경이었다.

상인의 활동─브뤼헤 국제 시장

이와 같은 연시나 대도시 시장을 찾아온 외국 상인을 통한 국제 상업을 주도한 것은 북·중부 이탈리아 도시 상인들과 발트 해 연안의 한자 상인들이었다. 양자는 각각 지중해, 발트 해역 교역을 축

으로 남북의 상업 교류에 관여해가
고 있었기 때문이다. 13세기 말까
지는 상술한 샹파뉴의 대시가 육로
로 이어진 남북 상업의 중심 역할

을 했으나, 1277년에 제노바의 갤
리선이 지브롤터 해협을 넘어 대서양으로부터 모직물 생산의 중
심지인 플랑드르 지방까지 정기적 해상 루트를 확립하자, 이후 남
북 상업은 육로보다 해로를 통한 대량 수송 시대에 접어들었다.
샹파뉴의 대시를 대신한 것은 플랑드르 도시 브뤼헤로, 이후 15세
기 후반까지 북서유럽 최대의 국제 상업 도시로서의 지위를 차지

🜲 플랑드르의 항구 도시와 배. 가져온 짐을 내리는 배와 항구의 정경. (플랑드르 세밀화, 15세기)

✤ 이탈리아의 배. 돛을 올리고 지중해를 항행하는 배. 비치 디 로렌초 작 「폭풍우를 꾸짖어 가라앉히는 성 니콜라스」 (1433년. 옥스퍼드, 애슈몰린 박물관)

하게 된다. 브뤼헤에는 제노바, 베네치아, 루카 등 이탈리아 제 도시의 상인뿐만 아니라 프랑스, 스페인(카탈루냐, 아라곤), 포르투갈, 잉글랜드, 스코틀랜드, 독일(한자 상인) 등 전 유럽에서 상인들이 모여들었다.

✤ 한자 상인의 문서. 뤼베크와 비스마르, 로스토크, 슈트랄준트 등 8개 한자 도시 간의 덴마크 왕에 대한 동맹 문서. (로스토크 시립문서관)

1438년에 예루살렘 순
례를 떠난 뒤 이탈리아, 프
랑스를 경유하여 브뤼헤
를 방문한 스페인인 귀족
페로 타푸르는 그의 여행
기에서 브뤼헤에 관하여
다음과 같이 서술했다.

이 도시는 크고 무척이
나 풍요롭다. 세계에서
가장 큰 시장 중 하나이
다. 두 도시가 서로 상업
적 패권을 겨루고 있다.
서쪽의 브뤼헤와 동쪽의
베네치아이다.
…서유럽 전체에서 브
뤼헤만큼 규모가 큰 상업
중심지는 존재하지 않는
다. 그리고 브뤼헤의 항
구에서 출항하는 배의 수
는 하루에 700척을 넘는
다고 한다…상품은 잉글

♣ 함부르크의 항구(위)(1497년. 함부르크 대학도서관)와
콜른의 항구(아래)(1411년. 라인 도상 박물관).

랜드와 독일, 브라반트,
홀란트, 제일란트, 부르
고뉴, 피카르디, 또한 프
랑스 대부분 지역에서 운
반되어온다.

♣ 귀금속을 취급하는 상인(위)과 은행가들(아
래). 『7대 악덕에 관하여』의 삽화. (북이탈리아.
14세기 말. 런던, 대영 도서관)

이 브뤼헤 국제 시장에
서 이탈리아 상인과 함께
중요한 존재였던 것이 독
일 북부 도시 뤼베크와 함
부르크 등을 거점으로 하
는 한자 상인들이었다. 그
들은 코게Kogge라 불리는
범선을 타고 발트 해에서
북해를 항행하여 멀리 러
시아로부터 모피와 목재,
곡물, 밀랍 등 북유럽의 산물을 브뤼헤 시장에 실어왔다. 한자의
맹주였던 도시 뤼베크에서 활약하던 페킨후젠가는 브뤼헤에도 거
점을 가지고, 일족이 발트 해역에 광대한 네트워크를 유지하며 방
대한 상업 서간을 남겼다.

브뤼헤는 중세 후기에 그러한 남과 북의 국제 상인들이 한 곳에
모이는 남북 상업의 일대 거점이 되었을 뿐만 아니라, 샹파뉴 대시

와 마찬가지로 국제 금융 시장의 거점으로서 기능했다. 브뤼헤에
서는 상거래를 하는 일반 상인 외에 외국 상인과 현지 플랑드르 상
인 간의 거래를 중개하는 거래중개인(여관 경영자) 및 공증인, 환전상,
고리대금업자 등이 수많이 활동하고 있었다. 환전상과 고리대금
업자 대부분은 샹파뉴 대시에서처럼 북이탈리아 롬바르디아 지방
이나 남프랑스 카오르 출신 사람들이었다.

은행가 · 고리대금업자 · 환전상

14세기부터는 루카와 제노바, 피렌체의 상인·은행가들이 브뤼
헤와 파리에 진출하여 도시민뿐 아니라 프랑스 왕이나 부르고뉴
공작 등 왕후귀족에게 고액의 자금을 빌려주었다. 14세기 루카의
라폰디Rapondi가家와 피
렌체의 페루치Peruzzi가,
15세기 피렌체의 메디
치가와 포르티나리Por-
tinar가, 루카의 아르놀
피니Arnolfin가, 제노바
의 아도르네스Adornes
가 등은 모두 브뤼헤,
파리, 런던 등에 지점
을 둔 이탈리아 상인·
은행가의 유력 가계로

♣ 라폰디가의 기증화. 루카의 볼토 산토를 숭경하
는 루카 상인 라폰디 형제. 그들은 파리와 브뤼헤
에서 활동했다. (Leggenda dei Volto Santo in Francese,
바티칸 시)

〈상품의 흐름〉
→ 수직물
→ 모피, 청어
→ 은, 동
→ 향신료, 견직물, 금
→ 양모, 피혁

● 자크 쾨르가 자주 방문했던 장소·지역
⫽ 방문했던 장소·지역
○ 피렌체의 견직물 생산지

♨ 자크 쾨르의 교역 범위. 북프랑스 부르주 출신 상인 자크 쾨르는 북해에서 지중해에 이르는 교역 루트로 막대한 이익을 올렸다.

♨ 15세기 브뤼헤에서 활동한 이탈리아 루카의 상인 조반니 아르놀피니와 그 부인의 초상화. (얀 반 에이크 작. 1434년. 런던, 내셔널 갤러리)

♨ 15세기 북프랑스의 대상인 자크 쾨르의 부르주 저택.

서 어음과 복식 부기, 해상 보험 등 지중해 상업에서 배양한 선진적 상업 기술을 구사하고, 또한 이탈리아와의 정기적 상업 통신망으로 유럽의 광범한 지역을 커버하는 금융 정보에 기초하여 브뤼헤 국제 시장에서 활약했다.

아르놀피니가와 포르티나리가는 15세기 브뤼헤에 궁정(프린센호프 Prinsenhof)을 두고 있던 부르고뉴 공작 선량공 필리프(재위 1419~67) 및 그 아들 용담공 샤를(재위 1467~77)과 친밀한 우호 관계에 있어, 궁정으로 여러 가지 사치품을 들여오는 한편 그들의 군사적 활동 자금을 제공하여 왕후의 정책에도 영향을 미치는 존재가 되었다.

프랑스의 부르주를 거점으로 프랑스는 물론 지중해 일대를 상거래의 장으로 삼았던 자크 쾨르(1395~1456) 역시 프랑스 왕권과도 밀

♣ 마르코 폴로가 베네치아의 항구에서 아시아를 향해 출항하는 풍경. (14세기. 옥스퍼드, 보들리언 도서관)

♣ 제노바의 항구. (1482년의 그림. 제노바 해양 박물관)
♣ (오른쪽 아래)마르세유의 항구. (『모든 항구에 관한 기술』. 16세기. 파리, 프랑스 국립도서관)
♣ (왼쪽 아래)베네치아의 항구. (베른하르트 폰 브라이덴바흐 작 『성지 순례』. 동판화, 에르하르트 로이비히,
마인츠. 1486년 간. 파리, 프랑스 국립도서관, 희귀본)

접한 관계를 맺은, 15세기 프랑스를 대표하는 국제 상인이었다.

한편 베네치아 상인은 13세기 후반부터 이미 동지중해를 넘어 인도, 중국으로 활동을 넓히고 있었다. 베네치아 상인 마르코 폴로(1253~1324)의 중국과 인도 여행 기록으로, 『동방견문록Livres des merveilles du monde』이라는 제목으로 특히 잘 알려진 『세계의 서술Di-visament dou monde』은 중세 후기에 사본으로 널리 유포되어 동방에 대한 유럽인의 환상을 자극했다.

이처럼 국제 금융이 발전하는 가운데 유럽 대부분의 도시에서 일반 민중을 상대로 소액 대부·금융업을 운영한 것은 유대인이었다. 그들은 12세기 이래 영불 국왕에게 추방 처분을 받거나 독일과 이탈리아에서 십자군 운동의 흐름 속에 자주 박해를 받으면서도, 유럽 각지에 산재하며 주로 금융업으로 생활하고 있던 것이다.

독일(신성 로마 제국)과 스페인에서는 황제(왕)가 유대인을 보호하는 대신 그들에게서 많은 자금을 조달했다. 또한 독일에서는 도시 공동체가 유대인에게 돈을 빌려 도시 재정을 보전하기도 했다. 교회의 이자 금지령하에서 환전업이나 고리대금업을 그리스도교도가 하기는 어려웠던 시대, 시민권을 갖지 못하고 일반적인 토지 소유도 금지되어 있던 유대인에게 금융업은 생계에 불가결한 것이었다고 할 수 있다. 하지만 13세기 이후 탁발수도회에 의해 상업 활동, 상업 윤리 긍정과 정당화가 진행되는 가운데, 이탈리아 상인이 그랬던 것처럼 상업 자본주의의 길은 이미 그리스도교 신자들에게 열리고 있었다.

♣ 환전상과 유대인. 왼쪽에 환전상(그리스도교도), 오른쪽에 유대인 3명이 그려져 있다. 프랑스의 삽화 사본에서. (1357년. 런던, 대영 도서관)

2. 직인의 활동-다양한 동업조합의 직종에서부터

동직조합

　중세 도시에서는 상업 활동과 함께 수공업을 영위하던 사람들이 12세기 이래 각 직종마다 자율적인 동업자 단체(길드, 메티에, 춘프트, 아르테 등 나라마다 고유의 호칭이 있었다)를 형성하고, 왕과 도시 영주에게 인가를 받았다.

　길드는 직업적 상호부조와 고유 권리 확보를 목적으로 결성된 동료단체이다. 전술했듯 이미 11세기에는 상인 길드가 북서유럽 (틸과 생토메르 등)에 등장했으나, 이탈리아를 비롯한 지중해 해항 도시에서는 밀라노와 피렌체 같은 내륙 도시를 제외하고 상인 길드가 반드시 나타나지는 않았다. 반면 수공업자의

♣ 여러 가지 직종의 직인들. (15세기. 이탈리아, 롬바르디아의 사본에서. 모데나, 에스테가 문서관)

동업조합(크래프트 길드)은 12세기부터 유럽 대부분의 도시에서 생겨났다. 도시의 수공업자들은 자신들이 만드는 제품의 생산과 판매에 있어 경쟁을 피하고 상호규제하기 위한 규약을 필요로 했기 때문이다. 수공업 조합의 구성원은 서약을 통해 서로 맺어져, 동료 사이에서 동의된 조항을 지키고 위반 행위에 대해서는 벌금을 부과했다. 상인 길드가 도시의 경제생활 전체를 제어하는 단체로서 기능한 데 비하여, 수공업 조합은 상

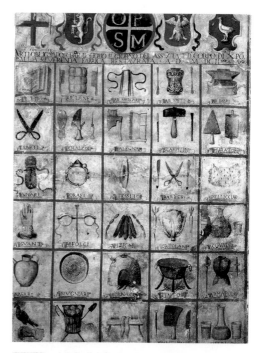

♣ (위)오르비에토 아르테(동업조합)들의 문장. (16세기. 오르비에토, 대성당 박물관)
♣ (아래)브뤼헤의 금은 세공장 길드 조합원 등록부의 머리 부분. (브뤼헤, 국립문서관)

품 생산 활동 통제와 품질 관리를 중심으로 상호규제를 실시했다.

13세기는 도시에서 동업조합이 조직화되고 규약이 주어진 시대이다. 왕권 소재지였던 파리에서는 국왕의 수석 프레보Prévost, 행정

및 사법관 에티엔 부알로Etienne Boileau가 『동업조합의 서Libre de Metiers』
를 편찬했다. 이 책에는 파리의 101개 수공업 길드의 규약이 담겨
있다. 그러나 여러 직종이 한 길드에 들어 있거나 길드로 조직되
지 않은 직종도 있어, 파리의 수공업 직종은 실제로는 300종 이상
이었을 것으로 추정된다. 특히 중세 수공업을 대표하는 모직물 공
업과 금속 가공업, 건축업 등에서는 작업 공정에 따른 전문화가 현
저했다.

또한 각 도시의 정치, 경제 구조를 반영하여 동업조합의 수와 직
종은 차이가 있었고, 직업 구조나 직종별 인구에서 차지하는 비율
도 도시에 따라 매우 다양했다. 예를 들어 피렌체에서 동업조합(아
르테)은 전체가 21개 집단으로 나뉘어져 그중 7개의 대(大)동업조합
(법률가·공증인 조합, 칼리말라(양모·수입 모직물) 상인 조합, 환전상 조합, 모직물 조합, 견직물 조
합, 의사·향료상 조합, 모피상 조합)이 대장장이·갑주제작사, 피혁공, 제빵사,
푸줏간, 여관 등의 14개 소(小)동업조합 상위에 놓여 있었다. 피렌
체의 아르테를 비롯하여 많은 동직조합이 저마다 수호성인을 모

♣ 브뤼헤 동업 길드의 인장. 왼쪽 위에서 오른쪽으로 직조공, 구두장이, 목수, 축융공, 가
  구 직인, 전모공.

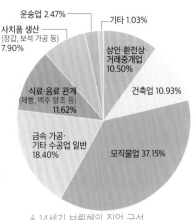

운송업 2.47%

기타 1.03%

사치품 생산
(장갑, 보석 가공 등)
7.90%

상인·환전상·
거래중개업
10.50%

식료·음료 관계
(제빵, 맥주 양조 등)
11.62%

건축업 10.93%

금속 가공·
기타 수공업 일반
18.40%

모직물업 37.15%

▲ 14세기 브뤼헤의 직업 구성
(1338~1340)

시며 직종의 자부심과 정체성을
나타내는 인장을 보유했던 것도
동업자 집단의 상징적 결속을 보
여준다고 할 수 있겠다.

14세기 중반 브뤼헤의 직업 구조를
표시한 그래프를 살펴보자. 모직물 공
업으로 번성한 플랑드르 도시답게 모
직물업 종사자 수가 4할에 가까운 것이 특징적이며, 그 밖에 브뤼
헤의 국제 상업 도시로서의 성격을 반영하여 상인 비율이 높고,
건축·식료품 관계를 비롯해 도시의 일상생활 수요에 대응하는 다
양한 업종이 균형 있게 구성되어 있다.

수공업자는 장인, 직인, 도제로 이루어졌다. 동업조합 구성원이
될 수 있는 것은 당초 장인뿐이었다. 장인은 동업조합의 규약 및
신규 장인의 가입 승인, 조합장과 간부 선출권을 가지며, 또한 각
작업장에서는 도제를 고용하여 기술을 지도했다. 도제는 계약에
의해 장인에게 고용되어 의식주를 제공받았다. 도제 수업 기간은
직종마다 달랐다. 13세기 파리의 『동업조합의 서』에 따르면 도제
기간은 3년에서 5년이 일반적이었으나, 6년 이상인 직종도 있었
다. 도제는 도제 기간을 마치면 직인으로 일했는데, 석공처럼 일
터가 끊임없이 바뀌는 직종에서는 도시에서 도시로 여기저기 옮
겨 다니는 경우도 적지 않았다. 여성도 동업조합 안에서 섬유·복

식 관계 직종을 중심으로 장인이 될 수 있었다. 파리나 쾰른에서는 금모자공, 견직물공과 금사(金絲)공 등의 길드는 여성만으로 구성되었으나, 여성이 장인이 될 수 있는 직종은 대부분의 도시에서 한정되어 있었다. 장인의 부인은 장인 사후 남편의 장인권과 도제를 계승하여 영업을 계속할 수 있던 모양이지만, 장인권이 유지되는 것은 그녀가 과부인 채 있거나 같은 직종 사람과 재혼할 경우로 한정되며, 재혼 상대가 타 직종일 때는 영업을 계속할 수 없었다. 한편 직인·도제 입장에서는 죽은 장인의 부인과 결혼함으로써 장인권 취득이 가능했다. 장인권 취득 기회가 점점 줄어 세습 말고는 힘들어졌던 중세 후기에는 그러한 사례가 증가했다.

동업 길드는 또한 각 직종을 상징하는 수호성인을 가지고, 매년 그 성인의 축일을 기념해 조합원 일동이 모여 회식했으며, 수호성인의 축제일에는 수난극(受難劇) 상연과 프로세션(종교 행렬) 등 여러 가지 종교적 행사를 진행했다. 그리고 길드 안에서는 상호부조를 행하여, 다치거나 나이 들어 일할 수 없게 된 길드 조합원을 부양하기 위한 건물(양로원)을 조합원의 각출로 마련하기도 했다.

중세 유럽의 수공업 가운데 이제까지 경제사의 관점에서 직물업과 금속 가공업의 중요성이 강조되어왔으나, 중세를 통틀어 특히 활발한 활동을 전개한 것은 의심할 여지없이 건축 관계 길드였다. 지금부터 건축업 길드를 비롯한 몇 가지 대표적인 수공업 직종을 예로 들어 일하는 직인의 모습을 살펴보자.

♣ 세인트올번스 수도원의 건설. 매튜 패리스 『오파스의 생애』 사본에서. (14세기 초반. 세인트 올번스 수도원, 런던, 대영 도서관)

건축업(석공·목수 등)

중세 중기 이후 도시의 끊임없는 발전과 왕후, 성직자, 그리고 상인의 부유화로 인해 왕궁과 카테드랄 교회, 시청사와 길드 회관 같은 대규모 건축 사업이 도시에서도 속속 전개되었다. 건축 직인도 그에 따라 전문화되어 각각의 건설 현장에서 고용되었다. 중세 최대의 건축이라고 하면 대성당 건립일 것이다. 12세기부터 13세기는 대성당 건설 붐으로, 파리의 노트르담 대성당을 비롯하여 북프랑스를 중심으로 많은 대성당이 지어졌다. 대성당 건설은 중세 경제의 역동성을 가장 잘 상징하는 것이었다고 할 수 있다.

건설에 관계한 건축 직인은 석공을 필두로 석재 절단공, 목수, 타일공, 미장이, 지붕공, 벽돌공 외에 유리공, 대장장이 등 다양한 직종에 이르렀다. 또한 거기다 미숙련 노동자를 더하여 수십 명에서 수백 명 규모로 공사가 진행되었다(J. 짐펠 『카테드랄을 지은 사람들』).

✤ 부르주 대성당 스테인드글라스에 보이는 건축 현장의 직인들(석공, 조각사 등). (13세기. 부르주 대성당)

1253년 런던 웨스트민스터 수도원을 건설할 때의 회계 기록을 보면 직인으로서 석공 26명, 석재 절단공 39명, 대리석공 13명, 목수 32명, 대리석 연마공 13명, 대장장이 19명, 유리공 14명, 지붕공 4명, 화공畵工 2명, 그리고 일용 노동자 662명 등이 기록되어 있다.

현지 노동력으로는 대성당 같은 대규모 건축 프로젝트에 충분히 대응하지 못해, 노동자들을 멀리서도 모을 필요가 있었다. 특히 건축 작업의 핵심이라고도 할 수 있는 석공은 대부분이 자신의 공방이 따로 없는 떠돌이 직인으로서, '로지Lodge'라 불리던 석공의 작업소가 건축 현장 가까이 마련되었다. 로지는 석공들이 숙박하며 도구를 놓아두던 거점으로, 여름에는 휴식을 취하고 겨울에는 석재를 가공하는 작업을 했다.

로지라는 말은 점차 석공 집단·조직을 연상시키는 의미를 갖기 시작하다가, 나중에는 비밀 결사로 여겨지는 프리메이슨의 회합 조직을 의미하게 되었다. 개별 도시의 동업조합을 초월한 인터로

♣ 발랑시엔의 길드 프로세션. 생 니콜라(니콜라스) 콩프레리(신심회) 규약 삽화에 그려진 프로세션(종교 행렬) 풍경. (15세기. 발랑시엔, 시립도서관)

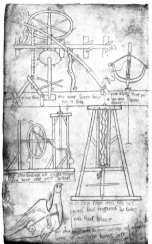

♣ (위)빌라르 드 온쿠르의 『앨범』에
 나타나는 다양한 기계, 도구, 새 등
 의 스케치. (1235년경. 파리, 프랑스 국립
 도서관)
♣ (아래)목수의 일 : 노아의 방주 건설.
 (1423년경. 런던, 대영 도서관)

컬 석공 조직은 특히 신성 로마 제국 여러 도시를 떠도는 석공 직인들 사이에서 형성되었으며, 1459년에는 온 신성 로마 제국의 석공 조합 대표가

⚒ 목수들. 『생 드니의 생애와 수난』 사본에서. (1315~20년. 파리, 프랑스 국립도서관)

레겐스부르크에 모여 통일된 규약을 제정했다.

대성당과 같은 대규모 건축에서는 석공(목수) 마스터(도편수)가 직인 집단을 통솔, 지휘했다. 도편수는 재료에 관하여 통달한 동시에 기하학 지식과 역학상 문제 해결 능력을 갖춘 건축가로서, 그들이 컴퍼스와 자를 사용해서 작도한 대성당의 입면도와 단면도가 랭스, 레겐스부르크, 빈 등지에 남아 있다. 13세기의 건축가(석공 마스터)로 유명한 북프랑스 출신의 빌라르 드 온쿠르는 유럽 각지의 건설 현장을 순회하며 교회 건축과 인물·동물의 움직임 등을 생생하게 소묘한 건축사상 유명한 화첩을 남겼다.

석공을 비롯한 건축업 직인의 노동 시간은 여름철이 겨울철보다 길어 새벽녘부터 일몰까지 12시간 남짓이었다. 11월 11일의 성 마르티누스 축일을 경계로 겨울철 작업으로 이행했는데, 낮 시간이 감소함에 따라 겨울철의 노동 시간은 짧아졌다.

석공이 대성당이나 수도원, 시청사 등 대규모 도시 건축에 종사

한 반면, 목수 직인은 도시에서 일반적이던 목조 가옥을 건설함에 있어 건물의 전체적인 틀을 짤 뿐만 아니라 문과 창문, 내부의 여러 가지 가구와 식기 등 생활용품 제작에도 관여했다. 목수 일은 도시에서 1년 내내 수요가 많아 석공이나 유리공처럼 여러 도시를 전전하는 경우는 드물고, 도시에 정주하며 활동한 사람이 많았다. 목수의 수호성인은 성 요셉으로 중세의 세

⚜ 목수 요셉. 로베르 캉팽 작 「메로드의 성모」 부분도. (1425년경. 뉴욕, 메트로폴리탄 미술관, 클로이스터스 컬렉션)

밀화에는 종종 목수 일을 하는 요셉이 목수직의 상징으로서 그려지곤 했으며, 특히 15세기 플랑드르 회화의 거장 중 한 사람 로베르 캉팽이 그린 「메로드의 성모」('수태고지 삼면화')에는 톱과 손도끼, 쇠망치, 못 등 목수 도구가 죽 늘어선 책상 앞에서 작업하는 성모 마리아의 남편 목수 요셉의 모습이 극히 사실적으로 묘사되어 있다.

도시의 목조 가옥에는 기와가 대량으로 필요했다. 초가지붕은 불이 나면 위험하다는 이유로 도시 당국에 의해 자주 금지되었기 때문이다. 중세 후기에는 벽돌 건축도 일반화되어가지만 기와나 주택 벽의 모르타르 사용은 내화耐火를 위해 불가결했으므로, 모르타르공과 지붕공도 목수와 함께 일했다. 또한 창유리가 중세 도시의 서민 주택에서 일반적으로 쓰이는 것은 15세기 이후의 일이지만, 12세기부터 교회나 수도원에 사용되던 스테인드글라스 기술과 함께 유리 공업은 13세기부터 베네치아 등에서 발전하여 시청사나 도시 귀족 저택 등에는 일찍부터 도입되었다.

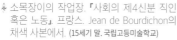
소목장이의 작업장. 「사회의 제4신분 직인 혹은 노동」 프랑스. Jean de Bourdichon의 채색 사본에서. (15세기 말. 국립고등미술학교)

✤ 보석 상점. 『의학의 서』 프랑스. (15세기. 파리, 프랑스 국립도서관)

금속 가공업

철과 동을 가공하여 여러 가지 제품을 만들어내는 금속 가공업
은 농촌이나 멀리 떨어진 광산에서 공급되는 원료(광석)를 기반으
로 하고 있어, 그 입지가 광물 자원 산출지와 깊이 연관되어 있었
다. 예를 들어 뫼즈 강 중류 지방의 도시 디낭이나 위이Huy에서는
로마 시대부터 놋쇠 가공이 이루어졌다. 12세기 이후, 이 지방에

서 제작된 식기, 냄비, 촛대 등 놋쇠 가공 제품은 '디낭드리Di-nanderie'라 불리며 샹파뉴의 대시 등을 통해 잉글랜드와 프랑스, 스페인을 비롯한 전 유럽에 수출되었다. '디낭드리'는 오늘날에도 프랑스어에 그 이름을 남겨 놋쇠 제품의 통칭으로 사용되고 있다.

▲ 촛대를 제작하는 금은 세공장. 구약 성서 삽화. 북이탈리아(파도바). (1400년경. 런던, 대영 도서관)

　대장장이는 농촌이나 수도원에서도 활동했지만, 도시에서는 편자 및 냄비와 솥, 무구(검과 나이프) 등 다양한 금속 가공 제품을 제작하여 판매했다. 그들의 작업장은 모루와 풀무, 굴뚝 달린 난로 등을 갖추고 있었다. 도시 안에서는 화재와 소음의 위험 탓에, 그들의 공방은 야간 조업이 금지되었고 도시 중심부로부터 떨어진 도시 내 주변부에 위치하도록 조치되었다. 그렇다고는 해도 대장장이를 비롯한 금속 가공 직인은 중세의 도시 경제에 불가결한 존재로서, 1268년에 파리의 프레보가 편찬한 『동업조합의 서』에는 도공刀工, 놋쇠 가공, 청동 가공(종 제조공), 주석과 납 가공 등 23개에 달하는 금속 가공업 길드가 기재되어 있다. 파리에서 그들은 직종에 따라 모여 살며 활동했다.

　금속 가공 직종의 최상위에는 금은 세공사와 화폐 주조인이 위치한다. 그들은 왕후의 비호를 받으며 귀금속을 이용한 호화로운 예술품(금은, 보석을 사용한 목걸이와 반지, 은제 식기와 성유물 용기 등)을 만들어내는 동시에, 잉글랜드 왕이나 프랑스 왕 아래에서 화폐 주조와 그 생산량 관리직을 맡는 등 특권적 역할을 했다.

직물업(모직물)과 피혁업

양모에서 실을 뽑아 짜낸 천(모직물)은 중세 유럽 도시의 최대 산업이었다. 11세기경 플랑드르 지방에서 수직식 직기織機로부터 수평식 직기로 기술 혁신이 일어나, 보다 길고 폭이 넓은 천을 짤 수 있게 된 이후 북프랑스, 플랑드르 지방을 중심으로 고품질 모직물 생산이 도시에 특화하여 이루어지게 되었다.

모직물은 양털 깎기(전모)부터 시작되어 세척, 실잣기, 직조, 축융, 염색, 마무리 등 전체 공정이 32단계까지 분화되어 만들어지는 고

⚜ (왼쪽)직인 무리. 보카치오 『불행한 신사와 귀부인의 사례』 사본에서. 프랑스. (15세기 중반. 런던, 대영 도서관)
⚜ (오른쪽)실을 잣는 여성들. 오비디우스 『변신 이야기』 사본에서. 프랑스. (1385년. 리옹, 시립 도서관)

도의 수공업 제품으로서, 특히 플랑드르의 삼대 도시를 중심으로 도시마다 독자적인 품질의 모직물이 만들어져 플랑드르 연시, 샹파뉴 대시 등을 통해 유럽 각지로 판매되었다. 모직물 생산에서는 여성도 세척과 실잣기, 직조 공정을 비롯한 그 생산 프로세스에 깊이 관여했다.

또한 축융은 고품질 천 생산을 위해 필수적인 작업 공정이었지만, 축융공은 열악한 노동 조건의 저임금 직종이었다. 그래서 13세기 후반에 축융공 길드가 형성

✤ (위)베를 짜는 여성. 보카치오 『저명한 귀부인의 서』에서. 프랑스. (1410년경. 런던, 대영 도서관)
✤ (아래)염색공의 일. 바르톨로메우스 앙글리쿠스 『사물의 본성에 관하여』 삽화. 브뤼헤. (1482년. 런던, 대영 도서관)

되자 그들은 여러 차례 이의를 제기했다. 14세기 헨트에서는 도시의 정치 지배를 둘러싸고 모직물 공업 길드 사이에서 대립이 격화되었는데, 그 중심에는 직조공과 축융공의 대립이 있었다.

염색도 양질의 모직물 생산에는 빼놓을 수 없는 공정으로서, 특히 피카르디 지방산 쪽(식물)으로 물들인 밝은 파란색이나 연지벌레를 이용한 심홍색 등 선명한 색상으로 염색된 모직물은 고가여서 플랑드르 여러 도시의 부의 원천이 되었다. 염색공은 흔히 '푸른 손톱Ongle Bleue'이라 불리며 조롱받던 존재였는데, 이는 그들의 손톱이 염색액에 침수되어 푸르스름한 색을 띠고 있었기 때문이다. 그들의 길드는 모직물 직인 가운데 가장 급진적인 집단이기도 했다.

완성한 천은 제조원인 모직물상Drapier이 판매했다. 파리의 가장 오래된 1292년 과세(타이유) 대장에서 드라피에는 19명, 1299년에는 46명이 나타난다. 파리의 드라피에는 상인 기업가이자 직조공, 축융공, 전모공, 염색공, 재봉사를 부하로 둔 유력 시민으로서 파리의 시정에도 관여하고 있었다.

♣ (왼쪽)가죽 무두질공의 작업. 독일. (15세기. 런던, 대영 도서관)
♣ (오른쪽)드라피에(모직물상)의 활동. 『건강 전서』 사본에서. 라인 지방. (15세기. 파리, 프랑스 국립도서관)

모직물 공업은 북프랑스, 플랑드르와 마찬가지로 피렌체에서도 중요한 산업이었다. 14세기 피렌체의 상인으로 연대기 작가였던 조반니 빌라니(칼럼3 참조)에 따르면 14세기 전반 피렌체 인구

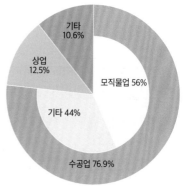

♣ 14세기 헨트의 직업 구조 (1356~58)

의 절반에서 5만 명이 모직물업에 종사했다고 하는데, 그 수는 다소 과장이라고 해도 도시 노동 인구의 반수 가까이가 모직물업에 관계하고 있던 것은 14세기에 실질 인구 6만 명으로 플랑드르 지방 최대의 모직물 공업 도시였던 헨트에서도 마찬가지였다.

13세기 말 파리의 모직물업 관계 직인은 대략 2,000명으로 추산되는데, 플랑드르 도시나 피렌체와 달리 그 활동은 수출용 고급 제품이 아닌 현지에서 소비되는 일용품 생산 중심이었다.

중세 후기에는 모직물, 견직물과 아마포 등 다양한 소재의 직물이 생산되었으며, 각 소재로부터 여러 가지 색상과 스타일의 의복이 만들어졌다. 또한 피혁업 길드도 모피와 구두, 장갑, 벨트 같은 복장 관련은 물론 마구와 양피지 등 도시의 일상생활에 필요한 다양한 아이템을 생산하는 산업으로서 불가결했다. 피혁업도 염색업처럼 대량의 물이 필요하여 도시 안에서도 한정된 지구에서밖에 작업할 수 없었다. 또한 냄새와 오수 등 오염의 원천이었기 때문에 도시 안에서는 여러 가지 불만과 규제의 대상이 되었다. 중세 후기 프랑스나 이탈리아의 도시 조례에는 자주 피혁업 길드에

대한 규제가 언급된다.

중세 후기의 도시에 있던 왕후의 궁정은 새로운 복식과 패션의 유행을 낳는 장이었다. 14세기 후반에서 15세기의 부르고뉴 궁정은 그러한 패션 생성의 장으로서 특히 유명한데, 그 궁정이 파리와 브뤼헤, 브뤼셀 등 북서유럽의 중요한 상공업 도시에 자리 잡고 있었다는 사실을 잊지 말아야 한다. 부르고뉴 궁정 귀족들의 패션과 호화로운 생활을 충족시켜 준 것은 궁정에 출입하던 이탈리아 상인들, 그리고 궁정이 놓여 있던 여러 도시의 직물·복식(재봉) 직인, 구두와 장갑 직인, 귀금속 가공 직인들의 다양한 활동이었다.

♠ (위)양피지 공방. Fioriano da Vilola, 『연대기』에서. (15세기. 볼로냐, 대학도서관)
♠ (아래)포목점. 『건강 전서』 사본에서. 밀라노. (1390~1400년. 파리, 프랑스 국립도서관)

식료 관계

(빵집·푸줏간·어물전 등)

　도시 주민은 식료품 생산자가 아니었으므로 일용할 식료·음료를 공급하는 전문직이 필요했다. 제분한 밀이나 호밀로 빵을 굽고, 맥주를 양조하고, 가을에 돼지를 비롯한 가축을 잡아 소금에 절이는 것은 중세 농촌에서는 각 가정의 일상적 노동 중 일부였다. 그러나 도시에서는 그것이 제빵사와 푸줏간 주인, 요리사, 맥주 양조업자 등 전문 직인의 일이 되었다.

　제빵사는 밀가루를 목제 반죽통 안에서 반죽하고 빵 직인이 화덕에서 그

⚜ (위)빵집. (15세기. 파리, 프랑스 국립도서관)
⚜ (중간)시도서에 보이는 푸줏간과 노점상. 플랑드르의 시도서 삽화. 브뤼헤. (15세기 후반. 대영 도서관)
⚜ (아래)축제 준비를 하는 요리사. 『알렉산드로스 대왕의 로망스』에서. 저지대 국가 남부(브뤼헤). (1344년경. 옥스퍼드 대학, 보들리언 도서관)

♣ (위)구둣방. 아우구스티누스 「신국론」 사본에서. (15세기. 파리, 프랑스 국립도서관)
♣ (중간)치즈와 소시지 상점 및 와인 장수. 프레스코화. 이탈리아. (15세기 말. 아오스타)

것을 구워냈다.

　파리에서는 14세기 이래 제빵사가 국왕 관리인 '빵 관리관'(그랑 판티에)의 관할하에 놓여 있었다. '빵 관리관'은 빵 굽는 작업, 굽는 날짜, 빵의 품질 전부를 관리했다. 제빵사는 빵 이외의 제품을 구울 수 없었다. 파리에서는 제빵사 외에 제과사(파티시에) 등이 다양한 구운 과자나 파테Pate, 간이나 고기를 갈아 밀가루 반죽을 입힌 뒤 구운 요리-역자 주를 만들었다.

　요리사(쿡)도 중세 중기에는 도시에 등장하여 왕후의 저택이나 부유한 시민의 집에 고용되었다. 선술집이나 여관을 경영하는 요리사도 있어, 구운 고기나 파이를 판매했다. 1378년에 런던 시 당국이 규정한 고기구이의 고정 가격 리스트가 남아 있는데, 그 리스트에는 돼지, 거위, 거세 닭, 오리, 도요새, 종다리, 비둘기 등이 올라가 있다.

　중세의 도시민은 고기를 대량으로 소비했다고 한다. 푸줏간은 도시 인구의 증대로 고기 소비가 확대되면서 부유한 직업 집단을 형성해갔다. 하지만 그들은 거리에서 가축을 잡고 잔해를 강에 버려 오염을 일으켰기 때문에, 피혁공이나 염색공과 함께 종종 비난의 대상이 되었다. 또한 그들은 나이프와 식칼을 다루는 직업상 무장 능력도 있고 혈기 왕성하여 중세 후기 도시에서 발생한 폭력적 민중 반란에서 리더 역할을 맡는 경우가 많았는데, 이는 푸줏간이라는 직업 단체가 도시에서 갖는 위치를 생각할 때 중요한 점이라고 할 수 있다. 실제로 1302년 브뤼헤에서 일어난 수공업 길

♣ (위)여관 풍경. 프레스코화. 이탈리아. (15세기 말. 아
　오스타)
♣ (중간)어물전.『건강 전서』(사본)에서. 라인 지방.
　(15세기. 파리, 프랑스 국립도서관)
♣ (아래)이발소. 북프랑스. (1500~08년. 파리, 아스날 도서관)

드의 '아침 기도 반란',
1384년 뤼베크에서 일
어난 '시민전쟁', 1413
년 파리의 카보슈 봉기
등은 모두 푸줏간 주인
이 불만분자의 지도자
를 맡아 지휘했다.

또한 생선은 교회가
매주 금요일의 육식을
금지하기도 하여, 일상
적으로 나름대로의 수
요가 있었다. 1292년
파리의 타이유 대장에
는 41명의 어부가 실

려 있다. 그들은 센 강과 마른 강의 왕령지에 속하는 물고기를 취급하는 '왕의 어부' 외에 민물고기, 바닷물고기를 취급하는 어부로 나뉘어져 있었다.

그 밖에 1292년 파리의 타이유 대장에 나타나는 130개 직종 가운데 수가 많았던 것이 신발 직인, 모피 직인, 재봉사, 초장이, 나무통 제작사, 맥주 양조업자 등 제작 직인, 그리고 서비스·유통업에 종사하는 이발사, 각종 여관(오베르주, 오텔리에, 타베르니에) 주인, 세탁여공, 물이나 와인 행상인 등이었다.

3. 지식노동-교육·문학·의료·예술적 활동

12세기 이전의 교육(읽고 쓰기)은 교회와 성직자의 손에 맡겨져 있어, 주교좌 성당 부속학교나 수도원 부속학교에서 성직자를 양성하기 위한 학교가 열렸다. 그러나 11세기 말~14세기 사이에 파리와 볼로냐, 오를레앙, 옥스퍼드 등에서 대학이

♣ 길드로서의 대학 성립. 1209년에 창립된 케임브리지 대학 최초의 인장(1261). 학장이 두 학생감 사이에 착석하고 있다. 아래에는 케임브리지 이름의 유래가 된 캠 강에 놓인 다리가 그려졌다. (케임브리지, 피츠윌리엄 박물관)

🌺 (위)파리 대학에서 강의하는 교사(아모리 드 베네, 1206년 사망). 그는 이단의 혐의를 받고 실직당했다고 한다. (14세기 초기의 프랑스 사본에서. 런던, 대영 도서관)
🌺 (중간)저명한 법학자 조반니 다 레냐노의 강의를 듣는 볼로냐 대학 법학부 학생들. 1385년경의 조각. (볼로냐, 중세 박물관)
🌺 (아래)이탈리아의 학교. (15세기. 리옹, 시립도서관)

탄생하여 자유칠학과 Seven Liberal Arts와 법학, 의학, 신학을 배우는 학생들이 증가했다. 대학 또한 수공업 길드와 마찬가지로 교사와 학생들의 조합으로 구성된 동직단체를 형성한 것이다.

13세기는 지식인이라 부를 만한 학자·교양인을 낳은 시대이다. 도미니코회 수도사인 토마스 아퀴나스와 프란치스코회의 보나벤투라 같은 신학자 외에, 『역사의 거울』을 비롯해 방대한 백과사전적 저작을 남긴 뱅상 드 보베 등이 나타나, 도시는 지식의 판매 시장으로서 중요한

무대가 되어갔다. 대학의 발전과 병행하여 세속인 교사에 의한 초등교육도 도시에서 발전했다. 피렌체에서 14세기 전반에 '읽고 쓰기를 배우고 있는 아이의 수는 8,000명에서 1만 명, 여섯 개 학교에서 주판과 산술을 배우고 있는 남자아이는 1,000명에서 1,200명 있다'고 기술한 것은 동시대의 피렌체 상인 조반니 빌라니였다 (시미즈 고이치로清水廣一郎 저, 『중세 이탈리아 상인의 세계中世 イタリア商人の世界』).

도시나 교회에서 문서를 작성하는 서기와 공증인, 대학의 교사와 학생을 위해 교재를 재

♣ (위)13세기에 『역사의 거울』 등 많은 백과전서적 저작을 남긴 프랑스의 지식인 뱅상 드 보베가 서재의 경사진 독서대 앞에서 집필하고 있는 정경. 15세기 말 플랑드르의 사본화에서. (바티칸 도서관)
♣ (아래)서기의 일. 프랑스. (15세기. 파리, 프랑스 국립도서관)

생산하는 필기 전문직인 사자생寫字生, Copyist 또한 13세기 이후 증가했다. 부유한 왕후귀족과 고위 성직자를 대상으로 기도서 같은 화려한 채색 사본을 제작하는 전문 직인도 나타났다. 베리 공작을 위해 작성된 랭부르 형제의『베리 공작의 매우 호화로운 기도서Les très riches heures du Duc de Berry』(1413~1416)는 그 대표적인 작품이다.

15세기 후반에는 활판 인쇄를 통한 서적 출판도 파리, 브뤼헤를 비롯한 각지의 도시에서 이루어지기 시작해, 인쇄소와 출판업자가 새롭게 지식의 세계에서 역할을 담당하게 된다. 베네치아, 리옹, 안트베르펜 등이 중요한 활자본 출판지로서 두각을 나타낸 것은 15세기 말부터 16세기에 걸쳐서였다.

한편 의사(내과), 이발사를 겸한 외과의, 약종상(약국) 등 의료 관계 일도 전문화했다. 의사는 파도바, 몽펠리에, 파리, 툴루즈 등의 대학 의학부 수료자이며 이발사는 대부분의 수공업자와 마찬가지로 도제 수업을 거쳐 장인이 되었다. 외과의는 아직 의사로 간주되지 않았고 이발사가 겸업하는 일에 불과했다. 그러나 내과의가 병자를 겉으로 진찰했을 뿐 약 처방은 약종상에 바탕을 두고 있던 데 반해, 이발사는

⚜ 진찰하는 내과의. (1345년. 구이도 다 비제바노의『아나토미아』에서)

♣ (위)내과의와 약국. Gilles de Rome, 『군주 통치의 서』에서. 프랑스. (16세기 초반. 파리, 프랑스 국립도서관)
♣ (아래)외과의(살레르노의 외과서). 여러 가지 상처를 치료하는 외과의 살레르노의 로저. (1300 년경의 이탈리아 사본화. 런던, 대영 도서관)

실제로 환자에게 사혈이나 접골 같은 다양한 의료 행위를 했다. 남프랑스에서는 특히 유대인 의사의 활동이 중요했다.

화가는 중세에 직인(화공)이었으며 성 루가를 수호성인으로 하는 성 루가 조합(화공 길드)을 조각가, 채색 사본 화가, 사본 제작자 등과 함께 동직 길드로서 구성하고 있었다.

로베르 캉팽, 한스 멤링, 헤라르트 다비트 등 초기 플랑드르파라 불리는 화가들도 저마

♣ (위)예배당 내부를 장식하는 화가. 발레리우스 막시무스. 『잠언』에서. (파리, 프랑스 국립도서관)
♣ (아래)여성 화가. 보카치오 『귀부인의 서』. 프랑스. (1402년. 파리, 프랑스 국립도서관)

다 투르네나 브뤼헤의 화공 길드에 소속하여 작품을 제작했다. 이탈리아 도시의 화가들도 마찬가지로, 어디까지나 성 루가 조합의 일원으로서 궁정이나 교회, 부유한 시민 등 후원자에게 제단화나 초상화 같은 주문을 받아 각 공방에서 작품을 남겼다.

4. 비시민층·주변집단

중세 도시는 계층화된 사회로서, 13세기 이후 귀족을 포함한 소수의 부유한 상인과 장인이 도시의 정치를 지배하는 과두 정치 체제를 취하고 있었다. 시민권을 가진 시민은 도시 안에 토지와 가옥을 가지고 원칙적으로 일정한 권리(재판)와 의무(군역, 납세)가 주어졌으나, 도시 주민은 물론 그처럼 시민권을 가진 사람만 있는 것이 아니었다. 주변 농촌이나 외국으로부터 유입된 대부분의 이주민들이 일용·임금 노동자로서 도시의 하층민을 형성한 것이다. 도시의 과세 대장에서 일정 금액 이하의 과세, 또는 면세 대상이 되

✤ 성서와 성배를 훔친 유대인의 처형. 작센슈피겔(법서), 15세기의 사본에서.

는 빈곤 상황에 놓인 하층민은 중세 후기에 증가했으며, 도시에 집이 없는 걸인이나 부랑자도 많았다. 그들의 사회적 유동성은 커서, 도시 중산층을 구성하고 있던 장인·직인이라도 병이나 사고 등 우발적 요인으로 가족 전체가 빈곤에 빠지는 경우가 적지 않았다.

♣ (위)차별의 증표를 달고 있는 만토바의 유대인 은행가 다니엘 노르사(왼쪽). (15세기. 루브르 미술관)
♣ (아래)곡예를 하는 악사·곡예사들. (그림 위쪽)11세기 스페인의 사본 삽화. (그림 아래쪽)14세기 잉글랜드의 사본 삽화에서. (모두 런던, 대영 도서관)

북서유럽 최대의 도시로 발전한 중세 후기의 파리에는 직업적 걸인이 8,000명 이상이나 존재했고, 샤틀레 재판소에서 절도나 살인, 도박 등의 죄로 심판받았던 사람들 대부분이 가족적 인연을 잃은 농촌 출신 직인, 임금 노

동자나 고용인, 행상인이었다고 한다.

그러한 '빈민' 및 '범죄자'와 함께 도시의 이질적 존재로서 유대인
과 창부, 한센병자 등이 도시에서 구별된 사회 집단Margino에 위치
했다. 그들은 이미 13세기부터 교회(제4차 라테란 공의회)와 도시 당국에
의한 사회적 규제(사치 조례)의 대상이 되어, 그들을 일반 도시민과 구
별하기 위한 복장과 장식품 규정(붉은 베일이나 노란색 마크, 흰 두건 및 망토 등)
을 가시적 표지로서 적용받았다.

선술집은 가족적 인연이 끊긴 사람들을 이어주는 중심 장소로
서, 또한 도시의 공공 공간과 사적 공간의 경계에 위치한 휴식 장
소로서 나타난다. B. 게레메크의 중세 후기 파리 주변집단(마르지
노)에 관한 연구에 따르면 14~15세기 파리 범죄자의 대부분이 혼

♣ 공공 욕장(매춘소).
♣ (왼쪽)매춘소에 들어가는
  젊은이. 플랑드르의 시
  도서 삽화에서. (1320~30
  년경)
♣ (오른쪽)창부들과 손님.
  독일. (1470년경).

♣ (위)1393년 프랑스 궁정에서 벌어진 〈불타는 무도회〉라 불린 화재로 인한 사고 광경. 트럼피터가 위쪽에서 연주하는 도중. 귀족 앞에서 '야인' 모습을 하고 춤추던 배우들의 가장 의상에 햇불의 불이 옮겨 붙은 사건으로, 이를 보고 있던 국왕 샤를 6세의 정신병이 더욱 악화되었다고 한다. (15세기. 파리, 프랑스 국립도서관)

♣ 음악가. (아래)춤추는 곰과 현악기를 연주하는 악사. 프랑스. (1350년경)

자 사는 20대에서 30대로, 선술집이나 여관에서 알게 된 동료와 범행을 저질렀다고 한다. 파리의 선술집은 수가 많아 15세기 도시 당국의 기록으로는 200곳을 헤아렸다(동시대 기베르 드 메스는 자신의 저작에서 파리의 선술집을 4,000곳이라고 과장하여 서술하고 있다). 선술집에서는 음주(와인)와 더불어 주사위(다이스), 카드, 볼링 등 다양한 노름이 행해졌다. 프랑스에서는 도시 주민의 도덕적 해이를 염려하는 가톨릭교회와 함께 루이 9세 이래 왕령으로 선술집에서의 노름과 게임을 금지했으나 효과는 없었다. 이들 게임은 실제 도시의 서민들(직인과 고용인, 임금 노동자)에게 최대의 기분 전환 수단이었기 때문이다. 1397년 파리의 프레보는 포고를 통해, 직인과 여타 서민이 일에 힘쓰는 대신 선술집에서 술과 노름에 빠져 가진 돈을 전부 탕진한 결과 많은 사람이 절도나 살인, 그 밖의 온갖 범죄에 이른다고 적고 있다. 파리에서는 그러한 집단에 대학의 젊은 학생이나 성직자 일부도 포함되어 있었다. 중세 도시에서 유흥과 게임은 매우 격한 감정의 폭발을 낳아, 여러 가지 폭력적 상황을 불러온 것이다(니콜 공티에Nicole Gonthier 저, 『중세 도시와 폭력Cris de haine et rites d'unité』).

또한 도시에서 도시로 이동하며 활동하던 민스트럴Minstrel과 종글뢰르Jongleur라 불리던 악사(악기 연주자와 음유시인)는 프랑스에서 루이 9세의 통치하에 악사 단체로 조직되어 도시의 동직집단 중 하나가 되었다. 왕후의 궁정이나 도시 당국에 고용된 악사도 점점 증가하여, 14세기부터 15세기에 걸쳐 교회 음악을 담당하는 가수나 모테트 등의 작곡자로서 교회와 궁정에서 사회적 상승을 이루는 사람도 나왔다. 15세기에는 파리에서 악사가 종글뢰르 거리에 모여 살면서 활동하게 된다. 도시에 정주하며 일자리를 얻은 악사의 지위는 차별적인 것이 아니었으나, 집이 없는 유랑 악사도 적지 않아 다른 부랑자나 걸인과 마찬가지로 계속 의심의 눈길을 샀던 것도 부정할 수 없다.

column 3. 상인 작가의 세계

❋ G. 빌라니의 『신간 연대기』

조반니 빌라니(1280~1348)는 피렌체 출신의 상인, 정치가로 20대 초반부터 북프랑스와 플랑드르 지방에 체재하며 14세기 전반의 유럽 정세를 널리 견문한 몇 안 되는 인물 중 하나이다. 그는 젊어서 피렌체의 대상사 페루치 상사와 손을 잡고, 1302년에는 플랑드르의 브뤼헤에 체재했다. 1302년 7월은 플랑드르 도시의 시민군(보병)이 프랑스 왕이 지휘하는 기마 기사군을 코르트레이크 교외에서 물리침으로써 플랑드르 도시민이 가진 제3신분으로서의 역량을 세상에 알린 유명한 '황금박차 전투Guldensporenslag'가 벌어진 때로, 빌라니는 이 세기의 전투에서 양 진영 어느 쪽에도 속하지 않는 제3자로서 역사적 증언자가 되었다.

그 후 그는 동생 마테오와 함께 부오나코르시 상사로 옮겨 상인·은행가로서 폭넓은 활동을 계속한다. 부오나코르시 상사도 페루치 상사와 마찬가지로 북쪽으로 잉글랜드에서 남이탈리아, 남프랑스 등 지중해 해역에 이르기까지 광범한 지점망을 가지고 와인과 모직물, 향신료 등 많은 상품을 매매하는 동시에 환전, 대부를 비롯한 금융업에도 관계하고 있었기 때문이다. 그는 또한 1320~30년대에는 고향 피렌체의 도시 정치에서도 활약하여, 도시 대표인 프리오르직에 세 번 취임했을 뿐만 아니라 도시의 재정, 외교에 관계하는 직위를 몇 번이나 맡았고 시벽 건설 임무도 수행했다. 그러나 만년인 1340년대에는 유럽이 경제적 위기를 맞아 페루치 상사를 비롯한 많은 피렌체의 은행·상사가 파산했으며, 부오나코르시사도 그 운명을 면하지 못했다. 그는, 부오나코르시사의 대표자로서 피렌체의 코무네 정부와 교섭하다 책임을 추궁당해, 1346년 투옥의 고통을 겪는다. 그는 그

❖ 빌라니의 초상. (16세기 간행된 『피렌체사史』에서)

2년 후 흑사병으로 세상을 떠났다.

그의 생애는 널리 국제적 상업 거래에 종사한 뒤 은퇴하여 모국에 돌아가 고향의 도시 정치에 참여한다는 당시 피렌체 상인의 전형적인 삶에 따른 것이었다. 더불어 그는 '상인 작가'로서 상업, 정치 활동만이 아니라 다양한 저술을 남겼다. 그는 성직자나 학자와는 달리 속어(일상어)인 이탈리아어로 역사와 인물, 특히 시인 단테에 관한 글을 썼다. 『신간 연대기』(누오바 크로니카)는 그의 고향 피렌체의 역사를 그가 살던 시대에 이르기까지 연대순으로 서술한 작품으로, 통계적인 숫자(물론 과장된 숫자도 포함되어 있지만)를 이용하여 다양한 사건을 합리적으로 분석하고 있는 점이 특징적이다. 또한 읽고 쓰는 능력을 가진 상인이 도시의 역사를 기술한 선구적 저작으로서 주목받는다. 이 연대기는 그의 사후 동생 마테오가 이어받아 오늘날에도 중세 피렌체의 역사를 배우려는 사람들에게 마키아벨리나 구이차르디니의 『피렌체사』에 앞서는 14세기인의 기록으로서 깊은 흥미를 주고 있다.

덧붙여 그의 활동에 관해서는 이탈리아 중세사가인 시미즈 고이치로 씨의 『중세 이탈리아 상인의 세계-르네상스 전야의 연대기』(헤이본샤平凡社, 1982)에서 상세히 소개하고 있으므로 참조하기 바란다.

column 4. 15세기 브뤼헤의 화가

❧ 페트루스 크리스투스

15세기 플랑드르 회화의 거장이라고 하면 우선 얀 반 에이크Jan van Eyck(1390~1441)를 손에 꼽을 것이다. 하지만 15세기 중반 브뤼헤에서 활동한 페트루스 크리스투스Petrus Christus(1410~1475)는 얀 반 에이크와 로히어르 판 데르 베이던Rogier van der Weyden의 영향을 받으면서도 독자적인 화풍을 구축한 화가이다. 그는 네덜란드와 벨기에 국경에서 가까운 브라반트의 마을Baerle에서 태어나 20대 중반에 브뤼헤로 찾아왔다. 당초 얀 반 에이크의 공방에서 수년간 일하다가, 화가들의 동업조합인 성 루가 길드의 조합원이 되면서 자신의 공방을 차려, 이후 죽을 때까지 약 30년간 브뤼헤에서 활동했다. 그의 고객은 일반 시민, 귀족, 교회 제 조직 등 광범위하여, 수많은 제단화와 초상화를 수주했다. 또한 얀 반 에이크 사후

1440년대부터 60년대에 걸친 브뤼헤 예술 활동의 황금시대에 그의 후계자로서 풍부한 색채와 치밀한 공간 표현을 특징으로 하는 작품을 남기고 있다.

크리스투스는 공간의 치밀한 구축에 매료되어 저지대 국가 최초로 체계적인 원근법(투시도법)을 사용한 인물이라고 여겨진다. 그의 대표작 중 하나로「그리스도의 탄생」(1452)이 있는데, 이 제단화는 얀 반 에이크에게 물려받은 빨강, 초록, 주황, 노랑, 검정 등 인물의 복식을 돋보이게 하는 다채로운 색상 배합과 완벽한 원근법을 통한 화면 구성이 인상적이다.

또한「카르투시오회 수도사의 초상」(1446)에서는 트롱프뢰유Trompe L'oeil, 눈속임 그림 수법으로 그려진 액자 위에 파리 한 마리가 묘사되어, 보는 이들에게 마치 파리가 실제로 그림 앞에 앉아 있는 듯한 착각을 불러일으키게 한다. 그의 초상화는 브뤼

♣ (위)「카르투시오회 수도사의 초상」
(1446년, 뉴욕, 메트로폴리탄 미술관)
♣ (아래)「금 세공장의 상점」(1449년, 뉴욕, 메트로폴리탄 미술관)

헤 시민과 부르고뉴 궁정으로부터 많은 주문을 받았는데, 「금 세공장의 상점」(1449)에서는 금은 세공장의 수호성인인 성 엘루아를 주제로 삼아 성 엘루아를 한 사람의 금은 세공장으로 그려내면서, 중세 말기 시민의 점포 풍경과 그곳에 자리한 젊은 남녀를 세밀한 복장 묘사와 함께 공들여 표현하고 있다.

크리스투스는 15세기 브뤼헤에서 축제적 단체로서 중요한 역할을 담당하던 '눈의 성모(마리아)' 형제회와 '마른 나무의 마리아' 형제회 멤버로도 활동하여, 부르고뉴 공작 용담공 샤를과 요크의 마거릿의 결혼식 (1468) 때 성대한 축하를

▲「그리스도의 탄생」(1452년, 브뤼헤, 흐루닝 미술관)

위한 브뤼헤 거리 장식 및 '활인화'(타블로 비방) 무대 설정을 지휘하는 예술가 가운데 한 사람으로 부름받았다. 그는 화가였지만 당시 예술가 대부분이 그러했듯 제단화나 초상화를 그릴 뿐만 아니라, 도시의 정치와 문화의 다양한 영역에서 재능을 발휘하여 유력 시민의 하나로서 활동한 것이다. 그런 의미에서 크리스투스는 틀림없는 '북방' 르네상스의 예술가였다고 할 수 있다.

제3부
중세인의 일상

🎵 「저지대 국가 마을의 축제」 P. 브뤼헐 작. (1568년경. 빈 미술사 박물관)

제7장 중세 사람들의 1년과 일생

1. 종교 생활

중세 사회는 그리스도교 교회의 사목 아래 놓여 있어, 농촌에서도 도시에서도 소교구를 단위로 일상생활을 영위했다. 사람들은 교구 교회에서 사제에게 세례와 결혼성사를 받고, 또한 가족이 죽었을 때는 병자성사를 받아 고인을 천국으로 배웅했다. 장례는 교구 교회에서 이루어지고, 사자는 교회 부속 묘지에 매장되었다. 이와 같이 중세 유럽 사람들의 일생에서 가톨릭교회가 담당한 역할은 컸으나, 그리스도교만이 사람들의 마음에 안녕을 가져다준 것은 아니다. 농민들에게 숲의 성령과 대지의 지모신地母神은 일상생활의 병이나 상처를 치유하고 풍요를 기원하는 대상으로서, 이교로 간주되던 다신교적 신앙은 중세 유럽 세계에 깊이 침투해 있었기 때문이다. 남프랑스를 중심으로 12~13세기 이후 유포된 멜뤼진Mélusine 설화나 알자스 지방에서 알려진 성스러운 개Saint Guinefort의 전승처럼 반인반수의 초자연적 존재나 동물의 화신이 토지개간과 자손 번창, 순산과 아이의 병 치유 등에 대한 사람들의 소망에 응답하는 존재로서 숭경받으며 사람들의 마음에 계속 머무른 것은 우연이 아니었던 것이다.

또한 도시에서 벌어지는 카니발 등의 축제에 거인이나 야인 같은 인물이 등장하여 성속聖俗의 질서가 전도顚倒되고, 이를 통해 비일상과 일상이 교대함으로써 공동체가 활성화된다는 의례도 그리스도교 신앙 안에만 머무르지 않는 사람들의 종교적 의식 범람을 나타낸다고 할 수 있다.

중세 달력의 1년은 지역에 따라 달라 1월부터 시작되는 곳이나 3월의 부활제를 기점으로 1년이 시작되는 곳 등 가지각색이었다. 또한 날짜와 시간도 통일되어 있지 않아 잉글랜드, 프랑스, 이탈리아 등 각 지역에서 고유의 시간이 흘렀다.

크리스트 교회는 그러한 농가와 도시의 생활 관리를 목적으로 교회력을 통하여 1년의 흐름을 제어하고자 했다. 예수의 탄생, 수난, 부활을 중심으로 예수의 생애를 따라가며 체험할 수 있도록 설정된 것이 부활제나 성령강림제 같은 이동 축일과 예수 탄생(크리스마스)을 비롯하여 성모 마리아, 천사, 여러 성인을 기리는 축일이다.

일찍이 게르만인에게 여름의 시작(하지)이었던 불 축제 축제일 6월 24일을 성 요한 축일로 바꾸어 유지한 것도 가톨릭교회의 정책이 었다. 이런 식으로 교회력에 기초한 1년의 '시간' 추이가 정식화되어갔다. 주요 성인의 축일 이외에 지방 성인의 축일이 설정되거나 같은 성인이라도 지역에 따라 그 축일이 다른 경우도 있었으나, 가톨릭교회는 매년 돌아오는 축일을 확정함으로써 유럽의 1년간 '시간'의 흐름을 정식화하려 한 것이다. 여기에서는 일례로 크리스마스부터 시작되는 플랑드르 도시 브뤼헤의 1년 달력을 소개하겠다.

이 표에서도 알 수 있듯이 이동 축일은 부활제를 중심으로 1년의 전반에 집중되고, 6월 이후 1년의 후반은 전부 고정 축일로 이루어져 있었다. 3월 하순에서 4월 하순에 걸쳐 찾아오는 부활제(이스터)는 봄을 알리는 일대 이벤트이며, 거기에 이어지는 5월의 '성혈(聖血) 행렬', 기원제, 성령강림제 등에서는 도시 안의 일정한 코스를 성유물과 십자가를 든 성직자를 필두로 많은 시민이 참가하여 행진하는 종교 행렬(프로세션)이 이루어져 축제의 하이라이트가 되었다. 프로세션에 참가하는 시민은 도시의 길드나 후술하는 형제회(종교적 인연으로 맺어진 자발적 단체) 멤버 등이 중심이었지만, 그 외의 사람들과 도시 밖에서 방문한 사람들도 관중으로서 그러한 의례에 참가했다.

브뤼헤에서는 성모 마리아 축일을 비롯하여 시 전체적으로 기념했던 특정한 수호성인의 축제 말고도 길드나 형제회 등의 각 수호성인을 개별적으로 기렸다. 또한 케르메스라 불리던 주요 교회의

중세 브뤼헤의 주요 축제일(◎ 이동 축일)

월일	명칭
12월 25일	크리스마스(그리스도 강탄제)
12월 28일	죄 없는 아기 순교자 축일(소년 주교의 제전)
1월 1일	그리스도 할례 축일
1월 6일	공현제(에피파니)
1월 7~13일	당나귀 교황 제전(우자愚者의 제전)
1월 25일	성 바오로 사도의 회심 축일
2월 2일	성모 취결례 축일
	[사순절]
◎	카니발(사육제)
3월 12일	성 게오르기우스 축일
3월 25일	성모 수태고지 축일
◎[부활제 직전의 일요일]	종려주일
◎[춘분 뒤 첫 보름 직후의 일요일] (3월 21일~4월 25일 사이)	부활제
5월 3일	성 십자가 축제와 성혈 축제
◎	기원제(로게이션)
◎	성령강림제(부활제 후 일곱 번째 일요일)
6월 5일	성 보니파티우스 축일
6월 24일	세례자 요한 축일
7월 25일	성 야고보 축일
8월 15일	성모 피승천 축일
9월 8일	성모 탄생 축일
9월 29일	성 미카엘 축일
10월 1일	성 레미기우스 축일
10월 14일	성 도나티아누스 축일
10월 18일	성 루가 축일
10월 21일	성 우르술라 축일
11일 1일	만성절
11월 11일	성 마르티누스 축일
12월 6일	성 니콜라스 축일

봉헌 축일도 매년 성대하게 치러져 연회, 춤, 놀이, 컴퍼티션(사수 길드의 도시 대항 경기회) 등이 수일에 걸쳐 개최되었다.

농촌의 축제도 여러 성인의 축일을 중심으로 이루어졌다. 농촌에서는 곡물 및 포도 수확과 함께 장원의 회계 연도를 마치고 세금을 납부하는 가을의 축일(9월 29일의 성 미카엘 축일 등)과 월동 준비에 들어가는 11월 초순의 만성절(11월 1일)과 성 마르티누스 축일(11월 11일)이 특히 성대하게 거행되었다. 16세기의 그림이지만, 브뤼헐이 그린 저지대 국가 농민의 축제 풍경은 그야말로 그러한 농촌 축제의 모습을 보여준다고 할 수 있다.

2. 사람들의 일생

12세기가 되면 성직자가 거행하는 의식을 통해 신의 은총이 신자에게 주어진다는 성사의 사고방식이 정착한다. 그 이전부터 이

♣ (왼쪽) 신생아의 세례. 주교가 베풀고 있다. 왼쪽 남녀는 대부 두 사람과 대모 세 사람. (15세기. 파리, 프랑스 국립도서관)
♣ (오른쪽)견신례. (1357년경. 파리, 생트 주느비에브 도서관)

루어지던 인간의 삶과 죽음에 관한 행사는 이후 세례, 견신례, 결혼, 임종이라는 네 성사 중심이 된다. 도시인가 농촌인가를 불문하고 사람들의 일생은 저마다가 속한 교구 교회에서 이루어지는 이들 종교 의식과 그에 따른 축제에 의해 단락 지어졌다.

아이가 태어나면 교구 교회에서 세례를 받았다. 중세 초기에는 아직 세례를 받지 않은 어른이 세례를 받을 기회도 많았기 때문에 온몸을 물에 담그는 침례가 일반적이었으나, 그리스도교화가 진행된 결과 늦어도 13세기에는 수세受洗의 대상이 신생아만으로 한정되면서 세례반洗禮盤이라 불리는 작은 세면기형 설비가 일반화되었다. 아직 산욕에 누워 있는 모친을 대신하여 선택받은 대부모代父母가 교회에서 세례에 입회했다. 동시에 그 아이의 수호성인이 될 성인의 이름이 퍼스트네임으로 붙여진다. 서민의 경우 성 요한이나 성 바오로, 성

♣ (위)갓난아이의 목욕. 예수의 탄생을 묘사한 그림이지만, 이 삽화가 제작된 파리의 15세기 초반 출산 풍경을 상상할 수 있다. (1414년경. 프랑스, 샤토루 시립도서관)
♣ (아래)수유. 아기가 입고 있는 배내옷 스타일도 잘 알 수 있다. (1400년경. 파리, 프랑스 국립도서관)

야고보, 성모 마리아 등에서 따온 극히 한정된 이름이 주어졌기 때문에 개인명에 그다지 차이가 없었다. 신앙을 확인하는 의식인 견신례는 본래 세례 후 머지않은 시기에 이루어졌지만, 13세기 이후 7~15세 아이를 대상으로 하게 되었다.

* 아이, 장년, 노인이라는 인생의 세 단계를 나타낸 그림. 아이의 경우 유아에서 소년까지 구별하여 그려졌다. (1470~90년. 파리, 프랑스 국립도서관)

중세는 현대 선진국의 출산율 및 사망률과 비교하면 대체로 네다섯 배의 다산다사多産多死 세계였다고 추정된다. 비위생적인 환경과 영양 부족으로 어린 목숨을 잃는 신생아와 유아가 다사의 대부분을 차지한 것은 의심할 여지가 없는데, 그렇게 생각하면 이렇게 세례를 받은 뒤에 그들의 가혹한 인생이 시작된 셈이다.

어떻게든 살아남은 아이는 7세가 지나면 바로 어른의 사회에 던

져졌다. 성직자가 되기 위해 수도원에 맡겨지고, 그렇지 않으면 농사일을 돕거나 상인 혹은 수공업 장인의 집에 도제로 들어갔다. 지금과 같은 어린이라는 관념이 희박하여 중세의 아이들은 유년기가 끝나자마자 어른의 세계에 몸을 던진 것이다.

혼약과 결혼이 인생의 단계를 구성하는 이벤트임은 옛날이나 지금이나 마찬가지다. 12세기경부터 교회가 결혼식에 관여하게 되면서, 이전까지는 세속의 가족 행사였던 것이 점차 교회를 무대로 주교를 통해 이루어진다. 동시에 일부일처제, 부부 간의 정조, 근친혼 금지, 이혼 금지가 요구되기 시작

⚜ (위)결혼식. 로마 시대 이래 신랑 신부의 '오른손 악수'가 양성의 합의를 상징하는 의식이었다. 결혼식이 그리스도교화되자 이 의식은 사제의 손안에서 이루어지게 된다. (1430년경. 프랑스, 트루아 시립도서관)
⚜ (아래)화덕 주위에 모인 서민 가족. 아기도 있다. (1390~1400년경. 파리, 프랑스 국립도서관)

♣ (위)키스하는 양치기 남녀. 집에서는 사생활을 보호받기 어려웠으므로 야외에서 이런 광경은 드물지 않았을 것이다. 나무 그늘에서 그것을 엿보는 남자가 있긴 하지만. (1492~95년. 상트페테르부르크, 러시아 국립도서관)

♣ (아래)핵가족의 모습. (13세기. 뉴욕, 모건 도서관)

했다. 다만 그리스도교의 결혼은 양성의 합의를 원칙으로 하나, 정략결혼이 일반적이던 유력자 가족에서는 집안과 집안의 연결이 중시되었다. 지금만큼 당사자, 특히 여성의 의사는 존중받지 못한 듯 보인다. 또한 서민이라도 혼인할 때 재산 이동과 가족 부양에 관한 상세한 계약서를 작성한 사례가 알려져 있다.

근세의 지역 사회에서는 청년단이라 불리는 사춘기 남자 그룹의 활동이 공인되었는데, 그들은 자신들의 혼인 기회를 빼앗는 나이 차 많이 나는 노인 남성의 재혼이 이루어질 경우, 프랑스어로 샤리바리Charivari라 불리는 소동을 일으키며 그것을 용인했다고 한다. 아마 중세에도 비슷한 일이 일어났을 것이다. 그러는 한편으로 결혼 연회가 마을과 가구街區 전체의 일대 이벤트였음은 말할 것까지도 없다.

가족의 형태는 고대 로마 시대 말기부터 이미 단혼 핵가족이 주류였다. 11세기 이후 농업 기술이 발전함에 따라 농업 경영 집약화가 더욱 진행되어, 차남이나 삼남에게도 경지를 분할 상속해줄 수 있게 된 점도 한몫을 했다. 13세기에는 경제 호황기를 맞아 도시민 세대에서도 같은 상황이 벌어졌다. 이렇게 현재로 이어지는 유럽의 가족 형태가 만들어진 것이다.

그렇다면 인생의 마지막에 찾아오는 죽음은 어떻게 맞이했을까?

죽을 때는 임종 자리에서 병자성사가 이루어져 사후의 구제를 보장받았다. 도시민의 경우에는 유언장이 남아 있는 경우가 많은데, 그 내용

♣ (위)샤리바리 모습을 묘사한 거의 유일한 중세의 회화. (1318~20년. 파리, 프랑스 국립도서관)
♣ (아래)죽음의 이미지. (1410년. 파리, 프랑스 국립도서관)

❧ (위)파리의 오텔디외 내부. 중세의 4대 덕목(사려, 절제, 정의, 인내)을 나타내는 4명의 수녀와 여성 조수가 환자들의 발치에 서 있다. 15세기의 채색 사본. (파리, 공적 구호 박물관)

❧ (아래)프랑스 센마리팀 주 루앙의 구 생 마클루 묘지. 중앙의 십자가가 이곳이 중세 이래 묘지였음을 이야기해준다. 사방을 둘러싼 16세기 건물의 1층은 일찍이 회랑처럼 중정을 향해 열려 있었고, 2층에는 묘지에서 파낸 유골이 쌓여 있었다. 그리고 들보에 새겨진 것은 매장에 쓰인 도구와 해골 (저자 촬영)

도 대부분 영혼의
구제를 기대하며
종교 시설에 기부
하는 것이었다.

영혼에 비하면
유골의 처리는 담
백했다. 서민의 경
우 중세의 묘가 그
대로 현존하는 일
이 드문 것은 교구
교회에 인접한 묘
지가 몇 번이고 파
헤쳐져 이용되었기
때문이다. 그래서
오래된 묘에서 나
온 유골을 납골당,
또는 묘지를 둘러싸
듯 지어진 회랑의
다락방에 안치하는
경우도 있었다.

♠ (위)매장. (15세기. 뉴욕, 메트로폴리탄 미술관)
♠ (아래)파리의 오텔디외와 캥즈뱅 시료원(루이 9세가 창설
  한 시각장애인 시설). (15세기의 연대기 사본에서. 파리, 프랑스 국립
  도서관)

3. 복지 시설

　교회나 시청사, 길드홀 등과 함께 중세 도시에 설립된 '공공' 시설로 상술한 시료원施療院이 있다. 중세 사회에서 고아, 과부, 병자 등 '그리스도의 빈자'라 불리던 사회적 약자를 보호하고 구제하는 것은 그리스도교 교회의 의무였다. 중세 초기 이래 주교와 수도원이 그러한 구제 활동을 맡아왔다. 12세기 이후 도시 사회가 발전하는 가운데 경제적 빈부 격차가 확대되어 항상적 빈민의 존재가 현저해지자, 본래 수도원과 교회에 부속된 시설이었던 시료원이 속인(귀족과 시민)에 의해 개별 시설로서 창설되기에 이르렀다. 그와 같은 자선 시설의 조기 발전을 겪은 플랑드르 도시(헨트와 브뤼헤)에서는 12세기 후반부터 부유한 시민의 기부를 바탕으로 성 요한 시료원을 비롯한 많은 시료원이 순례자, 빈민, 병자, 병들거나 나이 든 직인 등을 수용하는 시설로서 설립되어 도시 당국(참심인 단체)이 관리했다.

♣ (왼쪽)산타 마리아 누오바 시료원 조감도 (스테파노 본시뇨리 작 「피렌체 도시도」 1584)에서.
♣ (오른쪽)산타 마리아 누오바 시료원 (1445년경).

파리에서도 파리 주교의 관할하에 중세 초기 설립된 '신의 집(오텔디외)' 외에, 13세기 이후가 되면 성 자크 순례형제회 시료원처럼 유력 시민의 기부를 통해 창설되는 시설이 등장한다. 이 시기 이후의 시료원은 단순한 교회의 부속 시설에서 독립하여 도시의 새로운 공공 건축으로서의 성격을 갖는 것이다.

시료원의 활동은 순례자, 고아, 빈민, 병자 등을 수용하고 돌보는 것이었으나, 특히 중요한 역할은 시료원에 대한 기부자와 사망한 기부자의 구원을 위한 미사와 기도였다. 도시민은 시료원에 대한 회사喜捨와 그 보답으로 시료원에서 이루어지는 빈자들의 기도를 통하여, 내세에서의 영혼의 안녕과 현세에서의 사망자에 관한 기억의 영속화를 기대할 수 있었으며, 거기에는 이른바 현세의 '부자'와 '빈자', '산 자'와 '죽은 자'를 상호 간에 연결하는 영적 자애의 네트워크가 형성되었던 것이다. 이러한 시료원은 한센병 시료원을 제외하고 '빈자'로 간주되는 다양한 약자를 받아들이는 다의적 성격을 가진 것이 많았지만, 14세기 이후가 되면 후술하는 여러 가지 사회 변동을 배경으로 증가한 고아, 개심한 창부, 시각장애인 등 특정한 약자와 병자를 수용하는 시설이나, 동업조합이 병 혹은 부상으로 빈곤화한 동료를 위해 마련한 시설 등 받아들이는 대상을 특화해가는 경향이 보인다.

이 점에서 유럽 도시 가운데 가장 주목할 만한 것이 피렌체의 사례이다. 피렌체에서는 도시 인구 증가와 더불어 13세기 후반부터 시료원 건설의 물결이 높았다. 1348년의 흑사병(페스트) 유행 이전에

⚜ 본의 오텔디외 내부.

약 30곳이던 시료원이 1427년의 카타스토(자산 대장) 기록에서는 35
곳 나타나고 있다. 그중에서 유력 상인이던 포르티나리가 1288
년 설립한 산타 마리아 누오바 시료원은 14세기 전반 사이 병자만
을 돌보는 의료 활동에 특화되면서, 15세기에는 침상 230개와 의
료 스태프 100명 이상을 충원, 매월 300명 이상의 병자를 받아들
이는 유럽 최대 의료 시설이 되었다. 또한 그 밖에도 견직물상 길
드와 환전상 길드 같은 유력한 동업조합이 설립·관리하는 오르바
텔로 시료원(과부)과 인노첸티, 산타 마리아 델라 스칼라, 산 갈로
(고아·기아) 등의 전용 시설 정비가 이루어진다. 특히 인노첸티 고아
원은 1419~26년 저명한 건축가 브루넬레스키의 설계로 안눈치아
타 광장 앞에 건설된 새로운 르네상스 양식 건물로서 주목받는다.
1550년까지 피렌체에 설립된 시료원은 전부 68곳을 헤아려, 르네
상스 문화가 개화하던 15, 16세기의 피렌체는 당시 유럽 도시 사
회에서 병원 건축의 선진적 모델이 되었다. 시료원은 카테드랄이

나 시청사와 같은 거대 석조 건축은 아니었으나, 그리스도교적 중세 도시의 정신을 특징짓는 상징적인 사회 시설로서 그 존재 의의가 컸다. 또한 15세기 부르고뉴 공국에서 부르고뉴 공작의 궁정 관방장이던 니콜라 롤랭의 기부로 본에 세워진 '신의 집Hôtel-Dieu'도 그 건축적 미학이 뛰어난 건물이었다.

✤ 인노첸티 고아원의 정면.

4. 재해

　중세 중기 이후 도시는 전쟁과 민중 반란 등 정치·사회적 불화로 인한 인위적이고 폭력적인 소란에 위협받는 한편 기아와 역병, 화재와 같은 재해에도 여러 차례 노출된다. 14세기가 되면 유럽은 소빙하기라 불리는 기후 한랭화를 맞아 흉작·기근으로 농촌이 황폐해지고, 그 탓에 토지와 가축을 방치한 농민들이 근교 도시로 유입되었다. 지역에 따라 차이는 있으나 기근은 14~15세기 내내 간헐적으로 발생하여, 평균 수명이 50세가 되지 못했던 중세 사람들 평생에 5~6년마다 한 번씩은 기근이 들었다고 할 정도였다. 도시에서는 곡물(빵)과 육류 등 식료품 가격이 급등하고, 또한 영양 상태가 악화된 사람들을 전염병인 티푸스와 맥각 중독이 덮쳤다.

♣ (위)스위스 베른에서 일어난 화재를 진압하는 사람들. (1405년. 스위스, 베른 시립도서관)
♣ (아래)성 베르나르디노가 시에나의 성 프란체스코 교회 앞 광장에서 설교를 하고 있다. (1427년의 사노 디 피에트로 작 패널화. 시에나 대성당)

이와 같은 기근과 역병의 상승효과로 14세기 전반 유럽 대부분의 도시에서 사망자가 급증했다. 게다가 1340년대 후반부터 15세기 후반에 걸쳐 간헐적으로 유행한 흑사병(페스트)의 충격은 도시 사회에 심대한 영향을 미쳐, 젊은 층을 중심으로 유럽 인구의 3분의 1 이상이 소멸하는 결과를 불러왔다. 유럽 전역에서 세대주의 고령화와 여성 사망률 증가로 부부의 연령차가 벌어져 가족이 재편성되기에 이른다.

홍수나 지진 등 자연재해와 화재 등으로 인해, 도시 내의 가옥과 인명을 잃는 일도 흔했다. 13~14세기 이탈리아의 연대기(아담의 살림베네와 조반니 빌라니 등)는 중부·북부 이탈리아의 여러 도시가 자주 그러한 재해를 당했다고 전하고 있다. 중세 후기의 이탈리아 도시에는 여전히 목조 가옥이 많았던 데다 밀집하여 지어져 있었기 때문에, 화재로 인한 피해도 대단히 컸다. 피렌체에서는 14세기 전반에만 40차례 화재가 발생했다. 이러한 전쟁, 기근, 역병, 화재를 비롯하여 불가피하게 중세 사회를 덮친 각종 재해는 농촌과 마찬가지로 도시에서 사는 사람들에게도 끊임없는 위협이었다고 할 수 있다.

5. 정보 전달-소리로 연결된 세계(목소리, 설교, 종, 나팔)

이 장 마지막 부분에서 중세의 도시 생활을 활기차게 만들어주던 커뮤니케이션, 즉 사람들의 의사소통과 그 수단에 관하여 살펴보자. 농촌과 비교해서 중세 도시에서 문자(문서)를 통한 정보 인식과 전달이 훨씬 많이 이루어진 것은 분명하다. 도시의 특권과 의무, 상인 사이의 거래 기록과 계약, 서간 등 특히 남유럽을 중심으로 로마 시대 이래의 '문서주의'가 존속하던 지역에서는 제정법에 의거한 문서를 바탕으로 권리를 확인하고 주장하는 일이 일반적이었다. 그러나 로마적 전통을 계승하지 않았던 알프스 이북의 북부 유럽에서는 구두 증언을 근거로 삼는 관습법적 전통이 오래도록 존속했으며 문서를 통한 확인 행위가 중요해지는 것은 12세기 이후 도시가 발전하면서부터였다.

하지만 도시의 일상 속에서 사람들은 문자보다 오히려 소리(목소리)를 매개로 생활을 영위했다고 할 수 있다. 가로와 시장에서는 여러 가지 물건을 파는 상인들의 목소리가 울려 퍼졌으며, 각 직종 고유의 울림과 억양으로 상품을 어필하고 손님을 끌었다. 수호성인 축일에 열린 축제에서는 악사가 악기를 연주하고 음유시인들이 시를 낭송했으며, 또한 도시의 가로와 광장에 마련된 무대에서는 동직조합 조합원에 의한 수난제와 예수의 탄생 축하 등 다양한 주제의 연극이 몸짓과 대사를 섞어 이루어졌다.

13세기 출현한 탁발수도회의 수도사가 도시의 광장에서 행하던 설교 활동이 도시민의 영적 구원과 상인·직인들의 도시노동 재평가를 포함하고 있어, 시민들의 공감을 얻었다는 것은 이미 언급한 바 있다. 시민들은 프란치스코회 수도사와 도미니코회 수도사의 설교에 귀를 기울이고 앞을 다투어 탁발수도회에 재산을 기부했다. 이와 같은 탁발수도사의 설교는 이탈리아 몇 개 도시에서 필록筆錄되어 후세에 남겨졌다. 우리는 당시 최대 미디어 중 하나였던 설교의 내용을 그렇게 기록된 설교집을 통해 알 수 있다. 15세기 시에나에서 이루어진 성 베르나르디노의 캄포 광장 설교는 특히 유명하여 많은 남녀 청중을 광장에 불러 모았다(오구로 슌지大黒俊二저,『거짓말과 탐욕-서양 중세의 상업·상인관嘘と貪欲—西欧中世の商業·商人観』).

설교의 내용을 비롯해 도시에서 벌어진 다양한 사건과 분쟁에 관하여, 진위는 어쨌든 사람들은 구두 전달된 '소문'을 통해 많은 정보를 획득했다. 그들 정보는 한 도시를 넘어 광범한 지역을 돌아다니는 종글뢰르와 상인 등 '이동하는 사람들'에 의해서도 전해지고 유포된다.

또한 왕이나 도시 당국 등 위정자는 포고관을 통해 도시민에게 포고를 전달했다. 특히 왕령과 도시의 조례, 재판 판결 등은 광장에서 관리가 소리내어 읽어주었다. 사람들을 소집할 때는 도시의 종이나 트럼펫이 사용되었다.

도시 자치의 상징이던 종루에 설치된 종은 여러 가지 타종법을 이용하여 도시 사람들의 노동 시간을 규정하고 시문의 개폐, 시장의 개시와 종료 외에 외적의 습격, 반란이나 화재의 위험, 재판·집회의 개시 등을 고지했다. 종을 울릴 권리는 자치도시나 성속聖俗의 권력자에게 속해 있어, 소리를 매개로 한 구두 커뮤니케이션이 중세 도시 생활을 뒷받침했다고 할 수 있다.

♣ (위)말을 탄 포고관과 동반한 트럼피터. 국왕의 명령을 알리는 포고관과 트럼펫을 불어 신호하는 트럼피터에 의해 공식 고지(여기에서는 휴전 협정)가 이루어졌다. 트럼펫에 달린 문장이 들어간 깃발은 프랑스 국왕의 것이다.

♣ (아래)도시에서의 처형과 그것을 알리는 트럼피터. 사형 집행을 알리는 트럼피터가 처형대 왼쪽 뒤로 보인다. (플라비우스 요세푸스 『유대전기』의 삽화. 파리, 프랑스 국립도서관)

column 5. 성 마르티누스 형제회와 빈민 구제

중·근세 유럽에서는 형제회 또는 형제단으로 총칭되는 속인에 의한 자발적 종교 단체가 수많이 생겨났다. 형제회는 저마다 독자적인 수호성인을 섬기며, 특정한 교회에 그들의 수호성인을 숭경하기 위한 예배당을 두고 죽은 회원의 영혼을 구제하기 위해 기도하는 한편, 여러 가지 신앙 활동을 했다. 특히 남유럽의 이탈리아와 스페인에서는 도시마다 많은 형제회가 탄생하여 중세부터 근세·근대에 걸쳐 그 성격을 바꿔가며 존속했다. 여기에서는 15세기 피렌체에서 활동한 독특한 형제회 중 하나로 성 마르티누스 형제회를 조명해보고자 한다.

피렌체에서는 13세기부터 15세기에 걸쳐 150개 이상의 형제회가 설립되었다. 그 가운데 성 마르티누스 형제회는 빈자에 대한 베풂으로 유명한 4세기 투르의 성 마르티누스(마르탱)를 수호성인으로 1442년에 설립된다. 당초 회원은 그리스도의 열두 사도에서 따온 '열두 명의 선량한 자들'로 이루어졌다. 성 마르티누스 형제회의 규약을 통해 이 형제회는 수호성인을 위한 매달의 종교적 의례 활동과 '부끄러움을 아는 빈자'를 위한 구빈 활동을 주로 했음이 알려져 있다. '부끄러움을 아는 빈자'란 본래 영락한 귀족·상층 시민으로 '빈곤을 부끄럽게 여겨 구태여 구걸하지 않는 사람들'을 의미했으나, 15세기 피렌체에서는 오히려 여러 가지 이유로 일시적 빈곤에 빠진 중산층 이하의 사람들이었던 듯하다. 이 형제회는 실제로 몰락한 귀족 등이 아니라, 도시의 중산 수공업자 세대나 아이가 딸린 과부를 대상으로 다

❈ 성 마르티누스 형제회와 빈민 구제. 형제회는 가난한 시민 가정을 방문하여, 그 빈곤 상태를 조사했다. (피렌체, 오르산미켈레 예배당)

양한 물자를 배급했다. 1460년대에는 피렌체의 229세대에 대하여 세대주와 가족 구성(아이 수), 주소와 직업, 나이 등을 상세히 기록한 뒤 매주 각 세대에 직접 빵과 와인, 천, 현금(화폐)을 분배했다는 사실이 회계부의 기록을 통해 밝혀진 상태이다.

피렌체에서는 14세기에 이미 오르산미켈레 형제회가 많은 하층민에 대해 구제 활동을 벌이고 있었지만, 성 마르티누스 형제회는 그 구제 대상을 한정하여, 빈민(하층민)이라기보다 오히려 아이가 딸린 중산층 가족 세대와 편모 세대를 중점적으로 원조했던 것이 특색이다. 15세기 피렌체에서는 병자 전용 시설(산타 마리아 누오바)과 고아원(인노첸티), 양로 시설, 구빈 활동 중심의 형제회(미세리코르디아) 등 다양한 의료·복지 조직이 대상에 따라 전문화되어 있었으며, 성 마르티누스 형제회 또한 중산 시민 세대의 구빈 활동에 특화한 조직으로서 피렌체

❖ (위)형제회는 매주 가난한 시민 가정을 방문하여, 빵과 와인을 배급했다. (피렌체, 오르산미켈레 예배당)
❖ (아래)형제회는 아기를 낳은 여성을 방문하여, 천이나 닭 등 필요한 물품을 나눠주었다. (피렌체, 오르산미켈레 예배당)

도시 사회에서 중요한 역할을 담당했던 것이다.

성 마르티누스 형제회가 15세기 피렌체를 지배한 메디치가의 코시모 및 로렌초의 주도적 원조로 유지되었다는 점에도 주목해두자. 코시모 데 메디치는 창건기(1440~50년대) 성 마르티누스 형제회에 대한 기부의 절반 이상을 부담하는 등 형제회 활동에 재정 면에서 크게 공헌했다. 한편 손자인 로렌초는 1470년대 이후 형제단의 최유력 멤버로서 활동의 주도권을 잡고 있었다. 그는 성 마르티누스 형제회의 원조 대부분이 메디치가의 클리엔텔라Clientela, 즉 정치적 지지자 세대에 돌아가도록 힘썼는데, 15세기 후반 피렌체를 좌지우지하고 있던 메디치가가 이 같은 자선 조직을 장악함으로써 메디치가 지지자와의 비공식적 유대 강화를 촉진하는 동시에, 빈곤에서 기원한 피렌체 시내의 사회 불안을 억제하여 도시 질서를 안정시키려 한 방책이라고 여겨진다. 빈민의 사회적 규제라는, 근세 이후 국가가 담당하게 되는 사회 정책은 15세기 피렌체 사회에서 이미 그 맹아가 나타났다고 할 수 있을 것이다. 전근대 사회 복지의 역사에서 이탈리아의 형제회가 벌인 자선·구빈 활동은 매우 주목할 만한데, 피렌체의 성 마르티누스 형제회는 바로 그러한 형제회의 가장 좋은 모델 중 하나가 되고 있다.

column 6. 중세 도시의 풍기 규제

❋ 사치 조례를 둘러싸고

중세 이탈리아를 비롯한 많은 도시에서 발포된 도시 조례 가운데, 시민의 사치를 규제하는 후견적 색채가 강한 사치 조례Sumptuary law라 불리는 조례가 있다. 사치 조례는 근세 이후가 되면 국가나 영방 단위로 제정되는데, 중세에는 특히 도시에서 발포된 조례로서 독자적인 성격을 가지고 있었다.

사치 조례는 이탈리아의 제노바와 베네치아에서 이미 12세기 말부터 발포되었으며, 14세기 이후에는 유럽 각지의 도시에서 나타났다. 중세 후기는 도시 공동체에 의한 질서와 통합 모색기이자 사회적 규범 생성기였다는 점에서 질서와 통합, 차별과 배제라는 과정 양면에 동시에 기여한 것이 사치 조례였다고 할 수 있다.

사치 조례는 그 대부분이 도시의 생활 영역에 관한 규제로 이루어져 있었으며 의복 조례, 혼례 조례, 무도舞蹈 조례 등 특정한 규제 대상마다 도시 당국에 의해 발포되었다. 독일에서는 중세 후기 도시 공동체 내부에서 경제적·신분적 격차가 현저히 벌어지는 가운데 끝을 모르는 소비 생활 발전에 일정한 틀을 마련하는 동시에, 상층 시민의 소비 차이화差異化를 허용함으로써 도시 사회 내부의 신분적 차이를 강화하는 방향으로 나아가려는 의도가 있었다. 또한 도시 공동체 내부의 양호한 인간관계 유지 등 도시 전체의 경제적, 사회적 질서 안정을 지향하는 도시 당국의 적극적인 의도하에 발포된 것으로 여겨진다. 그와 동시에 도시 공동체 안정과 사회적 통합을 위한 내부 규범에 동화되지 못하는 사람들에 대한 차별과 배제를 가시화하는 수단도 되었다. 특히 후자의 기능은 중세 후기 유럽에서 창부나 유대인, 한센병자, 범죄자, 빈민 등 이른바 '주변집단'을 형성하고 그들에게 '불명예한 낙인'을 강제하는 데도 밀접하게 연관되었다.

▶ 루카의 1342년 도시 조례 사본(카피).

이탈리아 도시에서는 특히 베네치아와 피렌체를 필두로 13세기 중반 이후, 유럽 여러 도시 가운데서도 발군으로 많은 사치 조례가 발포되어왔다. 거기에서는 독일 중세 도시와는 달리 여성의 사치스러운 의상(모자, 신발, 의복, 장갑, 베일 등)과 장식품(반지, 귀고리, 귀금속 등) 규제에 관한 상세한 규정이 두드러지게 나타나는 점, 또한 여성뿐만 아니라 젊은 남성의 복장에 관한 윤리적 규제 강화가 엿보이는 점 등이 특징적이다. 한편 '중앙집권적 국가'로 가는 길을 걷기 시작하던 잉글랜드와 프랑스, 스페인 등에서는 왕권에 의한 사치 규제(칙령)가 중심으로서, 개별 도시가 사치 조례 제정에 적극적인 역할을 담당한 경우는 드물었다.

중세 도시의 사치 조례는 집권적 권력 형성이 늦었던 독일, 이탈리아 제 도시의 경우, 도시 당국이 시도한 후견적 윤리, 질서 규제이자 건축 조례, 빈민 조례 등과 함께 근대 국가에 앞서 도시가 실행한 후견적, 사회적 통제 시도였다고 할 수 있다.

🌿 노르망디 지방의 전통적 초가지붕 농가. (프랑스, 생 쉴피스 드 그랑부빌, 외르 주. Wikipédia française, Chaumière)

제8장 의식주

1. 농촌의 주택

현존하는 중세 농가 건물은 수가 드문 데다, 그 내부 등을 후대에 개축한 것이 많다. 따라서 중세 농가의 모습을 한층 폭넓게 알기 위해서는 흑사병 이후 방치된 폐촌 등의 고고학 발굴 성과에 기대는 수밖에 없다.

프랑스 중세 농가에 관한 고고학 연구의 사실상 창시자였던 장 마리 프제는 농가의 건축 자재로 12~13세기까지의 문서 사료에는 석재밖에 나오지 않는 데 반해, 그 후에는 목재밖에 나오지 않는다는 점을 지적했다. 10세기까지의 프랑크 시대 농가가 토벽과 초가지붕으로 이루어진 목조 오두막이었다는 사실은 이제까지의 고고

♣ 카바레의 중세 취락에서 발굴된 집. 카바레(프랑스, 오드 주)는 1229년 함락된 카타리파의 성 가운데 하나인 라스투르 성 주위에서 운영되던 '독수리 둥지 마을'이다. 옆으로 긴 직사각형이며, 두 칸으로 구성되었음을 알 수 있다. (저자 촬영)

학 발굴을 통해 잘 알려져 있었으므로, 프제는 희귀한 건축 자재를 사료에 특별히 언급한 것이라 생각하고, 13세기경을 농가의 건축 자재가 목재에서 석재로 바뀐 전환점으로 보았다.

석재가 풍부하여 고대 로마 이래 석조 건축의 전통이 있는 지중해 연안 지방에서는 석조화石造化도 빨랐겠지만, 농가의 경우 석조라 해도 교회나 성과는 달리 석회 모르타르를 사용하여 커다란 직육면체 석회암을 빈틈없이 쌓아올리는 것이 아니라, 현지에서 얻을 수 있는 작은 돌을 그대로 쌓는 것이 일반적이었다. 석재를 구하기 힘든 지방에서는 여전히 목조 농가도 많았으나, 그런 경우라도 더 이상 오두막의 형태는 아니었다. 14세기 이후에는 토대와 1층 부분 벽은 석재로 만들고, 그 상부에는 복잡한 목조 뼈대(기둥, 들보, 지주支柱 등)를 벽면에 내어 짜 맞춘 다음 그 사이를 벽돌이나 흙으

♣ (왼쪽)직사각형 농가 건물의 평면도. 라이즈홀름(잉글랜드, 링컨셔)의 사례. 왼쪽 거실 중앙에 있는 것은 화덕. 오른쪽이 침실.
♣ (오른쪽)베르네 마을(프랑스, 모르비앙 주)에서 발굴된 가축 동거형 농가의 복원 상상도.

로 메우는 구조(하프팀버) 등도 나타났다. 지붕도 상당한 높이를 가진 맞배지붕 형식이 되었으며, 짚만이 아니라 납작한 돌이나 설구운 기와로도 지붕을 얹게 된다. 이렇게 현존하는 전근대 농가 형태에 가까워져가는 것이다.

집의 구조는 비교적 단순하여 긴 변이 십 수 미터, 짧은 변이 수 미터인 직육면체에 맞배지붕을 올리는 형태가 표준적이었으나, 그 규모에는 큰 차이가 있었다. 직접 일구는 경지가 없는 오막살이 농민 등의 경우에는 바닥 면적 십 수 평방미터 정도로 집이 좁았지만, 반면에 긴 변이 30미터에 달하는 대형 건물도 적지 않았다. 이와 같은 구조의 농가는 영어로 '긴 집'이라는 의미의 '롱하우스Longhouse'라 불리고 있다.

12세기경부터는 내부가 벽에 의해 둘로 구분되기 시작한다. 입구가 있는 넓은 쪽은 거실 겸 부엌으로서 화덕이 설치되거나 칸막이벽에 면하여 난로가 놓였고, 좁은 쪽은 침실이 되었다. 13세기경부터는 칸막이가 늘어 방이 세 개가 되는 경우도 많았다. 이처럼 방 두세 개로 이루어진 옆으로 긴 건물이 중세 유럽 농가의 기본형이었다.

그 밖의 농가 형태는 여기에서 변형된 것이라 생각하면 이해하기 쉽다.

우선 목축이 활발한 지방에서는 가축우리가 짜 넣어지는 경우가 많다. '롱하우스'의 경우에는 거실·부엌 쪽의 넓은 공간 중앙에 통로를 뚫고 그 맞은편을 가축우리로 삼았다. 이동 방목을 실시하는 지역에서는 이러한 농가 형태가 일반적이었다. 나아가 중세 후기에 말이나 소, 양과 염소 등의 가축 사육이 경영적으로 중요해지자 저지대 국가나 플랑드르 지방 등에서는 농가와 가축우리가 더욱 복잡한 형태로 일체화한 건물이 널리 나타났다. 사본 삽화 등에 그 모습이 종종 그려진 것을 볼 수 있다.

지중해 연안의 구릉 위에 조성된 성시 형

♣ 사본 삽화에 묘사된 플랑드르의 농가와 가축우리. (1520년경. 뉴욕, 모건 도서관)

태 취락의 경우에는 부지 면적이 좁기 때문에 농가 건물도 보다 정육면체에 가까워져 2층이나 반지하실을 만들기도 했지만, 농촌에서는 일반적으로 2층집은 드물었다. 중세 도시에서는 그리 드물지 않았던 2층 건물이지만, 농촌에서는 유복한 농가에 한정되어, 그들의 사회적 지위를 상징하는 것으로 여겨졌던 것이다.

한편 13세기경부터 유복한 농가의 경우에는 넓은 부지에 복수의 건물을 짓고 마을에서 독립한 농장을 형성하기 시작했다. 이는 본채인 직사각형 건물 정면의 중정을 둘러싸듯 헛간과 가축우리 등을 배치한 것으로, 부속 시설의 합계 바닥 면적이 본채보다도 넓었다. 전체를 담장으로 에워싸면 현재의 대형 농장의 모습과 거의 다름이 없다. 잉글랜드 평야부에서는 16세기 중반이 되기 전에 단일 직사각 건물로 이루어진 농가는 소멸하고, 모두 이러한 농장으로 발전해갔다. 요먼이라 불리는 독립 자영농민의 농장 대부분도 이와 같은 모습을 하고 있었다.

집이 어떠한 형태를 취하고 있든, 또한 방 중앙에서 불을 때는 화덕이든, 벽면에 굴뚝을 설치해 연기를 배출하는 난로든, 집 안에서는 불을 피워 조리하는 장소가 '집 중의 집'이라 불리는 중심적 공간이었다. 프랑스에서는 가옥을 단위로 14세기부터 부과되던 호별세戶別稅가 '푸르Four, 화덕'라는 단어에서 유래한 '푸아주Fouage, 화덕세'라고 불렸는데, 이 사실은 가옥과 화덕이 동일시되었음을 시사해준다.

다만 벽면에 굴뚝을 갖춘 난로가 있는 경우는 드물어 집 안의 공기는 상당히 매캐했다. 또한 습기를 밖으로 내보내기 위한 통풍보다도 겨울의 한기 유입을 막는 것이 중시되었기 때문에, 문이 열리는 부분이 적어 출입구 이외에는 작은 창문이나 좁고 긴 슬릿형 창문이 몇 개 있을 뿐이었기에 낮에도 실내는 어두웠다. 창유리는 아직 농촌에는 보급되지 않았으니, 기껏해야 천 등으로 가린 것이 고작이었을 것이다. 단, 출입구에는 목제 문이 달려 있었다. 농가 유적의 입구 부분 문지방을 관찰하다 보면 석재 단차가 마련된 경우가 있어 그 사실을 짐작할 수 있다. 실내는 보통 흙바닥이었다.

이와 같이 농가의 거주

♣ (위)잔 다르크의 생가. 15세기의 2층짜리 대규모 농가 건물로. 1층에는 방이 4개 있다. 유복한 집이었다는 것을 알 수 있다. (프랑스, 보주 주, 동레미 라퓌셀)
♣ (아래)인근 몽생장의 영주가 경영하던 르몽 농장의 발굴 사진. 중정을 중심으로 4개의 대형 건물이 늘어서 있었으나, 14세기 말에 방치되었다. 가장 큰 건물의 내부 면적은 약 550평방미터. (프랑스 코트도르 주 샤르니)

성은 명백히 좋지 않았다. 낮은 경제 수준뿐만 아니라 건축 자재가 주변에서 쉽게 구할 수 있는 것으로 한정되었던 점, 마을에는 석공이나 목수가 없어 농민이 직접 집을 지은 탓에 건축 기술이 서툴렀던 점 등, 농가 건물에는 왕후귀족이나 도시민의 주거와는 전혀 다른 배경이 있던 것이다.

2. 도시의 주택

도시의 직인과 상인은 거리에 면한 작업장이나 가게의 창문 너머로 통행인에게 노출된 채 일을 했으며, 상점에서는 매대에 상품을 진열해놓고 장사를 했다.

♣ 난로 앞에서 단란한 일가. 원뿔형 후드와 굴뚝이 보인다. (15세기 후반. 파리, 프랑스 국립도서관)

도시 주민의 주거는 12세기부터 13세기에 걸쳐 크게 변화했다. 중세 초기에는 도시의 가옥도 방 하나인 것이 많아 농촌의 가옥과 큰 차이가 없었다. 그러나 도시 인구 증가로 도시의

토지 가치가 상승하면
서 그곳에 서는 가옥
도 개량되어갔다. 도
시의 주거는 단층집에
서 2층 내지 3층으로
변화했으며, 13세기
후반에 이르면 굴뚝과
난로를 갖춘 짜 맞춤
구조의 목조 건물이
되었다. 또한 중세 후
기 파리에는 5~6층짜
리 목조 주택도 드물
지 않았다. 이러한 건
물은 층마다 여러 세
대가 사는 집합 주택
인 경우가 많았다. 파
리 시테 섬에 있던 시
료원(오텔디외)의 15세기
(1422~1436) 회계 기록
에 따르면, 동 시료원
이 소유하고 있던 시
테 섬의 비교적 가난

♣ (위)농사력 2월은 화덕에 불을 쬐며 언 발을 녹이
는 정경이 단골이다. 『베리 공작의 매우 호화로운
기도서』에서는 목조 농가 벽면에 석조 난로와 굴
뚝이 설치되어 있고, 지붕의 굴뚝으로는 연기가
피어오른다. (1415년경 제작. 샹티이 [프랑스], 콩데 미술관)

♣ (아래)13세기 후반
캔터베리에서 제
작된 것으로 추정
되는 사본에서는
난로가 아니라,
모닥불 같은 화덕
이 사용되고 있
다. (옥스퍼드, 코퍼스
크리스티 칼리지)

한 소교구 내 5층짜리 가옥의 집세(연액)는 48수, 그리고 최상층인 5층(다락방) 부분은 32수로, 위층으로 올라갈수록 싸졌다. 실제로 지하실과 다락방은 특히 집세가 싸서, 가난한 고용인이나 임금 노동자 등이 거주했을 것으로 여겨진다.

중세 도시의 가옥은 통상 폭 3~5미터와 깊이 20~30미터 정도의 부지에 벽을 맞대는 형태로 구획마다 연속하여 지어졌다. 폭이 5미터인 것은 그것이 중세에 기둥 없이 목조 구조의 벽을 지탱할 수 있는 최대 길이였기 때문이다. 집 안쪽에는 대개의 경우 정원과 채원, 그리고 화장실이 설치되었다. 도시 귀족이나 부유한 상인의 저택은 훨씬 크고, 석조 구조에 지하실과 탑을 갖추고 있었다. 전술한 15세기 프랑스의 대상인 자크 쾨르나 부르고뉴 공작 밑에서도 일했던 브뤼헤의 도시 귀족 로데베이크 흐뤼트휘서의 저택 등이 그 대표적인 예

♣ 길가의 상점. 돌로 포장된 거리에 줄지어 양복점, 모피점, 이발소, 약종상이 늘어서 있다. (1500~08년. 질 드 롬『군주 통치의 서』에서. 북프랑스) (파리, 아스날 도서관)

♣ (왼쪽)드라시의 중세 촌락 유적(14세기)에 남아 있는 농가의 좁고 긴 슬릿형 창문을 내부에서 바라본 사진. 현 보비니 마을(프랑스, 코트도르 주).
♣ (오른쪽 위)같은 집의 복원 모형. 두 군데 뚫려 있는 좁은 창문 중 오른쪽이 왼쪽 사진 중앙의 창문.
♣ (오른쪽 아래)드라시에 있는 다른 농가의 문지방과 벽면에 남아 있는 난로. (저자 촬영)

♣ 중세의 집들.
♣ (왼쪽 위)길가의 상점. 현재까지 남아 있는 중세의 점포. 스폴레토(이탈리아).
♣ (왼쪽 아래)13세기 파리의 길거리. 장 부르디숑 작 세밀화.
♣ (오른쪽)플랑드르 도시 이프르에 20세기까지 남아 있던 목조 가옥. 매우 드문 케이스라고 할 수 있다.

라고 할 수 있다.

도시의 토지 가격은 매우 비쌌으며, 가령 12세기 밀라노에서 도시의 토지 가격은 주변 농촌부 토지 가격의 36배에 이르렀을 것이라 짐작된다. 도시 토지의 소유자와 그 위 건물의 소유자가 서로 다른 경우도 많았으며, 상술한 시테 섬의 임대 가옥처럼 파리에서는 가옥 한 채에 많은 임차인이 거주하는 경우가 일반적이었다.

3. 복식과 가재도구

중세 유럽의 복식과 가재도구의 역사가 다루어지는 일은 많지 않다. 하물며 귀족도 아닌 서민의 복식에 관해서는 모르는 점도 많지만, 단순한 패션과 도구로서만이 아니라, 그것을 만들고 몸에 걸쳐 사용한 사람들의 역사로서 바라보면 신분이나 경제와의 연관성 등 여러 가지가 서로 연결된다. 그러나 지면 제약상 여기에서는 중세 서민의 복장과 가재도구에 관하여 간단히 살펴보겠다.

고대 이래의 전통으로서 12세기경까지는 성직자도 포함하여 귀족과 서민의 의복에 신분상 차이나 성별 차 등이 없었고, 모두 프랑스어로 블리오라 불리는 발목까지 오는 옷자락이 긴 튜닉을 입었다. 단, 전사와 농민만은 몸을 효율적으로 움직이기 위해서 허리까지 오는 튜닉과 라틴어로 브라카에Bracae라고 하는 바지를 입고 있었는데, 이 브라카에는 켈트 또는 게르만에서 기원한 의복이다.

12세기 말부터 13세기가 되면 이전까지 주름이 많이 잡히고 넉넉한 디자인이던 블리오Bliaud가 코트라고 하는, 소매와 동체부가 몸에 밀착한 옷으로 변화하는 동시에 기장도 짧아진다. 그 아래에는 남성의 경우 브레Braies라 불리는 아마포제 속옷 비슷한 바지를 입었다. 당시의 농민을 묘사한 사본 삽화를 보면, 농민의 코트는 무릎 길이이며 머리를 덮는 모자나 두건을 쓰고, 다리에는 각반을 매거나 단화를 신고 있는 모습으로 그려진다.

1340년대에는 귀족층 남성복에 더욱 커다란 변화가 찾아온다. 코트가 짧아져 푸르푸앵Pourpoint이라 불리며 현재와 비슷한 형태의 앞트임 상의가 되는 한편, 그때까지의 양말이 위로 길어져 가랑이에서 좌우가 합체하는 타이츠 형태의 하반신 옷이 되었다. 여성복의 경우는 그러한 상하 분할은 나타나지 않지만, 가슴 부분을

☙ (왼쪽)13세기 중반 서민의 남성복. 긴 코트와 브레를 착용하고 있다. 평민의 신발코는 귀족만큼 길고 가늘지는 않다. 여기에는 실용상의 이유와 함께 양자의 신분 차를 표현하려는 의도도 있었다. (13세기 중반. 뉴욕 모건 도서관)
☙ (오른쪽)정원에서 함께 이야기하는 귀족 남녀. 복장의 성별 차가 뚜렷하다. (1462~70년. 파리 아스날 도서관)

V자형으로 절개하고 끈이나 단추로 잠그게 되었다.

이와 비교하여 서민 남성복의 경우에는 짧아지는 경향이 약해 비교적 긴 튜닉과 무릎 아래까지 덮는 브레가 겉옷으로 계속 사용되었다. 이 무렵부터 복장에 신분 차가 나타난 것이다. 여성복의 경우에는 더욱 긴 튜닉을 계속 착용하여, 남성복과 차이가 생겼다. 가르드 로브라 불리는

♣ 『베리 공작의 매우 호화로운 기도서』의 6월 장면. 앞서 소개한 2월 장면(114쪽)과 함께 농민의 복장에 주목. (1415년경 제작,프랑스 콩데 미술관)

흰 앞치마도 여성 고유의 복장으로, 그 후 서민이 입는 유럽의 민족의상으로서 정착하게 된다. 15세기 초반에 제작된 『베리 공작의 매우 호화로운 기도서』에서 6월의 건초 수확 장면을 보면 그와 같은 남녀의 옷이 나타나는데, 일부 옷에 남녀 모두 가슴 부분이 절개된 점에 당시 복장 전체의 변화가 반영되어 있다.

이처럼 14~15세기에 귀족과 평민의 신분 차이가 강조되면서, 디자인과 함께 소재 차이를 통해서도 그것을 표현하기 시작한다. 평민의 경우에는 현지산 원모(原毛)로 짜인 중·하급품 모직물, 아마나 목면과 양모의 혼방, 조악한 아마포가 사용되었고, 모피라도 북방에서 수입되는 회색 다람쥐나 어민Ermine, 북방 족제비의 흰색 겨울털-역자주 등의 고급품이 아닌 산토끼, 여우, 수달, 양이나 염소 같은 가까운 곳의 소재가 활용되었다. 또한 서민의 경우 소유한 의복의 수도 적어, 같은 옷을 계속 입는 경우가 많았다.

장식품의 경우도 서민은 비싼 것은 갖고 있지 않았지만, 중세 말이 되면 도시에서 일하는 직인들 사이에서는 모자, 파우치나 지갑, 벨트 등을 구입하게 된다. 여성을 위한 리본과 레이스, 단추 등도 포함하여 이들 저렴한 소품의 소비는 16세기 이후 더욱 활발해진다.

그러한 액세서리도 포함시켜 14세기경의 서민은 어느 정도의 가재도구를 가지고 있었을까. 유산 상속 때 만들어진 재산 목록이 이를 위한 알맞은 사료가 된다.

1383년 1월 작성된 이 재산 목록은 3헥타르 정도의 농지를 가진 북이탈리아 로마냐 지방의 어느 가난한 농민의 것으로 거기에는 농기구 이외에 작은 나무통, 커다란 미루나무 궤, 열쇠 달린 큰 호

♣ 장궤. 좌우에 뚜껑이 있는 대형 궤이다. (1284~1310년. 파리, 클뤼니 중세 미술관)

🌿 커다란 난로, 유리창, 식탁보가 깔린 대형 식탁, 유리 그릇, 하녀의 존재 등이 알려주듯 유복한 도시민의 식사 풍경. 파이로 감싼 요리도 맛있어 보인다. 난로 앞 주인 자리의 긴 의자는 등받이 부분이 가동식으로 되어 있어 난로를 향해 앉을 수도 있다. (1500년경. 파리, 프랑스 국립도서관)

두나무 상자, 큰 미루나무 식탁, 통 2개, 큰 냄비, 깃털 이불과 아마포 커버, 찢어지고 더러운 푸른 아마포 이불, 아마포 베갯잇과 깃털 베개, 찢어진 냅킨, 식탁보, 시트 2장(그중 1장은 찢어져 있다), 구리 그릇, 바늘과 짧은 바늘과 고기 자르는 접시가 각 7개, 목제 통, 큰 나이프, 헝겊 조각 등이 나열되어 있다.

여기에 나오는 열쇠 달린 큰 상자와 궤는 중세 후기에는 서민 세대에도 널리 보급되어 있었다. 이들은 모두 뚜껑식 수납 상자로서 이것이 유럽 가구의 출발점이 되어, 그 후 여닫이 문이나 서랍이 달린 옷장으로 발전해갔다. 여기에는 침대와 의자 등 있어야 할 가구가 없고, 농민 세대임을 감안해도 옷 등의 섬유 제품이 눈에 띄게 적으므로, 이 밖에도 큰 상자에 보관하던 물품이 더 있었는지도 모른다. 그러나 그것들을 더해도 현재로는 상상할 수 없을 만큼 소박한 생활을 보냈다고 할 수 있다.

4. 서민의 식사

육식을 피하고 간소한 식사를 이상으로 여긴 성직자나, 그와는 반대로 사냥감 등 짐승의 고기를 풍부하게 먹었던 세속 귀족과 비교했을 때, 노동자인 농민과 도시민의 일반적인 식사는 어떠한 것이었을까.

먼저 중세 유럽 식사 내용의 전제가 되는 이 시대의 독특한 음식관이 있었다. 중세 유럽 사람들은 신이 계신 하늘에 가깝다는 이유로 높은 곳에 있는 것이 귀한 식재료이며, 반대로 낮은 곳, 특히 땅속에 있는 것은 가장 천한 음식이라고 여겼던 것이다. 동물 중에

♣ 가족의 식사. 난로에서 푹 끓인 포타주를 그릇에 담고 있다. (1390~1400년. 파리, 프랑스 국립도서관)

♣ (위)푸줏간 앞에서의 소 도축. 미간을 해머로 내
리쳤다. (15세기 후반. 파리, 프랑스 국립도서관)
♣ (아래)돼지 도축. 모은 피도 소시지로 만들어 먹었
다. 하지만 아무리 봐도 돼지보다는 멧돼지처럼
보인다. (1482~85년경. 파리, 프랑스 국립도서관)

서는 하늘을 나는 새가 중요시되었고, 지면을 파헤치는 돼지는 경멸의 대상이었다. 식물의 경우는 수목의 가지에 열리는 과실이 최상이며 지표에 자라는 식물이 그 뒤를 잇고, 최하는 땅속에 있는 순무, 무, 양파, 마늘 등 뿌리채소였다. 이와 같은 음식관 아래, 하위에 위치하는 식재료를 이용해 서민의 식사는 만들어졌다.

그들의 식사 내용을 알기 위한 단서는 적다. 우선 생각할 수 있는 것은 사슴이나 멧돼지를 대상으로 한 사냥은 귀족 계급이 독점했으므로, 평민에게는 고작해야 산토끼를 잡는 정도밖에 허용되지 않았을 것이라는 사실이다. 따라서 서민을 위한 고기에 야생 동물이 포함될 리는 없었고 주로 쓰인 것은 돼지였으며 여기에 가금류, 양과 소가 더해졌다. 겨울의 비축 식량으로 늦가을에 돼지를 도축하는 광경은 농촌의 가을 풍물 가운데 하나였다.

겨울에는 충분한 난방도 없는 데다 야외에서의 육체노동에 종사하는 그들이 필요한 열량을 섭취할 수 있는 대상은 곡물뿐이었다. 우선 첫 번째가 빵이었고, 이어서 보리 등으로 만드는 맥아 양조주가 있었다.

빵 소비량은 현재 시점에서 보면 어마어마하게 높았다. 지금의 프랑스빵인 바게트로 치면 한 사람당 매

※ (아래)야외에서 점심을 먹는 농민. (16세기 초반. 런던, 대영 도서관)

일 두세 개는 먹은 셈이다. 하지만 그 내용에는 농촌과 도시에 차이가 있었다. 도시에서는 가난한 사람들 사이에서도 밀로 만든 흰빵이 주로 소비되었던 반면, 농촌에서는 호밀뿐만 아니라 보통계밀Common Wheat, 일반적으로 재배하고 있는 빵 또는 식용밀. 학명은 Triticum aestivum.-편집자 주이나 수수 등의 잡곡도 빵을 만드는 데 사용되었다. 게다가 이탈리아와 프랑스 중부 산악 지방에서는 보리의 대용품으로 밤이 중요한 작물이었고 기근 때면 요긴하게 쓰였다.

♣ 빵집 겸 주류상. (15세기. 파리, 프랑스 국립도서관)

와인과 함께 에일이라든가 세르부아즈, 맥주 등 원재료에 따라 몇 가지 호칭이 있는 맥아 양조주도 매일 1리터 넘는 분량을 마셨다. 그러나 기근 때는 제빵 이외의 곡식 소비가 금지되었기 때문에 맥아 양조주를 만들 수 없게 되었다. 이러한 사정도 있어 이베리아 반도 북부, 프랑스의 노르망디 지방과 브르타뉴 지방, 잉글랜드의 서식스와 켄트 등 사과가 풍부한 지역에서는 맥아 양조주 대신 사과 과즙을 발효시킨 양조주를 만들었다.

농가뿐 아니라 서민의 집에는 집의 중심에 화덕이나 난로가 있어, 그곳이 온기의 원천인 동시에 부엌이기도 했다. 추운 계절은 물론 여름의 농번기에도 그곳에서는 상시 불이 피워져, 갈고리에 매달린 금속제 둥근 냄비나 화덕에 놓인 세 발 달린 질그릇 안에서 포타주 등으로 불리는 수프 요리가 만들어졌다. 귀족 메뉴의 중심이 불에 구운 고기였던 데 반해, 서민의 일상적 식사는 채소나 콩류에 소량의 고기를 넣고 함께 끓인 요리와 그것에 적셔 먹는 **빵**, 오트밀 같은 죽으로 이루어졌던 것이다.

한편 직인이나 학생 등 독신 남성이 많이 살던 도시에서는 포장마차나 길가 가판에서 바로 구운 타르트와 파테, 튀긴 파이부터 거위 로스트까지 살 수 있었는데, 그야말로 중세시대판 패스트푸드라고 할 수 있었다.

중세에 한정된 것은 아니지만, 그리스도교의 관습에서 매주 금요일과 부활제 전의 사순절 등은 금식일로서 고기를 피하고 생선을 먹도록 권장되었다. 14세

☙ 중세 생선 요리의 복원.
☙ (위)뱀장어 꼬치구이. 뒤쪽 물병은 14세기의 것.
☙ (아래)철갑상어, 연어, 민물꼬치고기 등 대형 어종을 사용한 호화 요리. 생선 한 마리가 기름으로 튀기고, 굽고, 삶는 세 종류의 조리법으로 요리되어 있다.

기 말 파리 시민이 쓴 가사 지침서인 『메나지에 드 파리Le Ménagier de Paris』에는 잉어, 뱀장어, 대구, 고등어, 가오리 등의 조리법이 설명되어 있다. 하지만 서민의 경우에는 고가였던 고기와 생선 소비가 애초에 많지 않았다는 사실을 생각하면 금식일과 그렇지 않은 날의 차이는 그리 크지 않았을 것이다. 또한 후추나 계피 같은 고가의 향신료와 설탕도 사용하지 못했지만, 소금 이외에 포도나 사과 따위의 과즙과 식초 등은 사용되었다고 여겨진다.

또한 12~13세기 프랑스와 이탈리아의 농사력(제4장 칼럼 2를 참조)을 비교해보면 프랑스 농민의 식사 풍경에는 빵이 많이 그려지는 반면, 이탈리아에서는 채소와 과일이 모티브가 되는 경우가 많다. 중세 프랑스의 경우 귀족 사회에서도 채소는 그다지 먹지 않았으나, 16세기 이후 이탈리아 요리의 영향을 받아 과일(감귤류, 멜론 등)과 채소(아티초크, 아스파라거스 등) 섭취가 유행한 것을 보면 중세에도 이미 나라마다 식생활의 개성이 나타나 있었음을 알 수 있어 무척 흥미롭다.

column 7. 중세 프랑스의 석조 상가주택

❋ 클뤼니와 피작

　현재 유럽에서 1100년 이전으로 거슬러 올라가는 도시 주택은 거의 존재하지 않는다고 한다. 현존하는 가장 오래된 집은 12세기의 것인데, 프랑스 중부 지방의 손에루아르 주에 있는 수도원 마을 클뤼니에는 그처럼 12세기에 지어진 주택이 50채 이상이나 남아 있다. 그리고 그들 집 2층의 로마네스크식 창문 형태가 동시대 교회 건축의 개구부와 닮은 점도 흥미로우나, 그에 관해서는 이미 다른 기회에 설명했으므로, 지금 여기에서는 1층 개구부의 형태에 관하여 설명하고자 한다.

　중세 유럽 도시 주택의 경우, 아주 대략적으로 말하자면 북쪽 지역에서는 목조, 프랑스 중부에서 지중해 연안에서는 석조인 경우가 많다.

　전자의 전형적인 예는 프랑스 노르망디 지방과 잉글랜드 등에 많이 남아 있는 하프팀버식 상가주택이다. 이 경우 1층의 토대와 기둥은 석조인 경우가 많지만, 2층 이상은 목조 들보와 기둥, 지주 사이를 회반죽과 벽돌로 메워 지었다. 그리고 장

❋ 클뤼니에 남아 있는 중세의 상가주택. 아치가 지면에 가까운 부분부터 시작되는 것이 12세기 상가주택의 특징. (저자 촬영)

↟ 루앙(프랑스, 센마리팀 주)의 바르텔르미 광장에 남아 있는 하프팀버식 상가주택(15세기). 이러한 집들은 북부 프랑스, 잉글랜드, 독일 등 각지에 남아 있다. 잉글랜드 등에서는 20세기 초반에 그 리바이벌도 일어났으므로, 거리를 관찰할 때는 주의가 필요하다. (저자 촬영)

↟ 피작에 남아 있는 중세의 집들. 카비알 거리. (저자 촬영)

문과 1층 출입구와 점포 개구부 윗변에는 수평으로 굵은 목제 들보가 놓여 위에서 걸리는 중량을 지탱해준다. 그것이 가능한 것은 2층보다 위의 건축 자재가 석재가 아닌 목재이기 때문으로, 2층 이상도 석회암 등의 무거운 석재로 이루어질 경우에는 이렇게 할 수 없었다.

그에 반해 고대 이래의 석조 건축 기술이 전해진 것으로 추측되는 프랑스 중남부 등의 상가주택에는 오로지 석재만이 쓰이고 있다. 2층 이상의 석재 중량을 지탱하는 데는 목재 들보로는 불충분하므로 석조 아치로 떠받치는 수밖에 없다. 그때 사용된 건축 양식이 12세기 중반 당시 이전까지의 로마네스크식을 대신하여 새롭게 등장한 고딕식이었다.

클뤼니에 남아 있는 상가주택은 일반적으로 '로마네스크식 집'이라고 불리지만, 사실 1층 점포 부분에는 이와 같은 초기 고딕식 첨두尖頭아치가 사용되었다. 참고로 최초의 고딕식 건물로서 파리 근교 생드니 수도원의 후진後陣이 완성된 것은 1144년이므로, 이 무렵에는 로마네스크식에서 고딕식으로 전환이 시작되고 있었다. 클뤼니의 상가주택은 2층 창문에는 로마네스크식, 1층 개구부에는 새로운 고딕식 요소를 도입했던 것이다. 또한 클뤼니 수도원에서는 1088년부터 1130년에 걸쳐 '클뤼니 제3성당'이라 불리는, 당시 로마 가톨릭 세계 최대의 교회가 건설되고 있었기 때문에, 어쩌면 그곳에서 일하던 석공 장인들이 동원된 것인지도 모른다.

이러한 고딕식 개구부를 가진 상가주택은 클뤼니보다도 남쪽, 프랑스 중남부 각

지의 도시에 남아 있다. 이제까지 저자
가 관찰해온 바로는 클뤼니 수도원을
중심으로 조직된, 북스페인의 산티아고
데 콤포스텔라로 가는 순례길에 연한
도시들에 그 잔존 사례가 많은 것으로
보인다.

그 대표적인 도시가 로트 주의 파작
이다. 이곳도 클뤼니와 마찬가지로 수
도원 마을로서 번창한 점이 배경에 있
는지도 모른다. 생 소뵈르 구 수도원 교
회와 샹폴리옹 광장을 중심으로 일찍이
위벽에 보호받던 영역 도처에 남아 있
는 중세의 집들을 돌아보고 있자면 지금
이 21세기라는 사실을 잊어버릴 정도다.

샹폴리옹 광장이라는 이름은 이 도
시에서 태어나 로제타석의 고대 이집트
신성문자를 해독한 것으로 유명한 장
프랑수아 샹폴리옹(1790~1832)에서 따온
것이다. 이 광장에 면한 건물 가운데 가

▲ 피작, 샹폴리옹 광장 5번지 집. (저자 촬영)

▲ 마르텔(프랑스, 로트 주)에 남아 있는 레이
몬디 관(1330년경 완성). 이 도시를 지배한
국왕 관리의 저택이다. 공공 건축에 나
타나는 고딕식 아케이드 열의 한 예. (저
자 촬영)

장 눈길을 끄는 것은 마치 교회와 같은 풍치가 느껴지는 14세기 초반 대상인의 집
이다. 현재의 벽면은 1990년에 중세 상태로 복원한 것이지만, 이를 보면 밑에서부
터 아케이드, 트리포리움, 채광창으로 이어지는 고딕식 교회의 신랑身廊 구성과 같
다는 것을 알 수 있다.

공공 건축물 1층 부분에는 이와 비슷한 고딕식 아케이드 열이 사용되는 경우가
많다. 그것은 남프랑스뿐만 아니라 유럽 각지에 나타나고 있다. 동시대 교회 건축
에서 태어난 건축 기술이 서민의 집에서 공공 건축물에 이르기까지 세속 건물들에
널리 사용되었던 것이다.

☙ 블라델 린 저택의 중정. 피터르 블라델린이 1435~40년에 지은 저택이다.

column 8. 중세 도시 귀족의 저택

❧ 브뤼헤의 흐뤼트휘서 저택과 블라델린 저택

중세 도시 유력자의 집은 13세기 이후 석조 주택이 주류가 되어간다. 플랑드르 지방의 도시 브뤼헤에서 도시 귀족의 저택이란 어떠한 것이었을까. 브뤼헤에서 오늘날까지 그 모습을 남기고 있는 15세기 도시 귀족의 대표적 저택으로서 흐뤼트휘서 저택과 블라델린 저택을 들 수 있다.

흐뤼트휘서가는 13세기 이래 플랑드르 백작을 섬겨온 유력 지방 귀족으로, 브뤼

✦ 흐뤼트휘서 저택. 15세기에 후기 고딕 양식으로 지어진 저택으로서, 노트르담 교회에 인접하여 있으며, 현재는 15세기부터 19세기까지의 브뤼헤 역사를 이야기해주는 악기와 동전, 의상 등 다양한 컬렉션을 전시하는 박물관이 되었다.

헤 주변에 광대한 영지를 보유하고 맥주 양조 시 사용되는 훈초薰草, Grut 판매의 독점적 권리를 대대로 누려왔다. 둥 가의 가명(家名)이 된 흐뤼트휘서란 본래 이 훈초가 저장되어 있던 창고Gruuthuis에서 유래한다. 1425년에 당시 당주였던 얀 흐뤼트휘서가 그 건물을 장려한 후기 고딕 양식 저택으로 개장했다. 브뤼헤의 노트르담 교회에 인접한 이 벽돌 구조의 장려한 저택은 얀의 아들이자 부르고뉴 공작 샤를 르 테메레르(1433~77)의 측근에서 외교 관리로도 활약한 로데베이크 판 흐뤼트휘서, 별칭 루이 드 브뤼주(1427경~92) 시대에 브뤼헤 유수의 개인 저택이었다. 건물은 4층으로 방이 27개 있는데, 그중 예배용 작은 방은 인접하는 노트르담 교회의 북쪽 벽과 이어져 있었으며, 저택에서 나가지 않고 예배실에서 직접 교회 미사를 드릴 수 있도록 교회 내부가 내려다보이는 창문을 갖추고 있었다.

이 저택은 16세기 이후에도 흐뤼트휘서가가 대대로 유지하여, 중세 도시 귀족 저택의 여유로운 분위기를 오늘에 전하고 있다. 현재는 시립박물관이 되어 15세기부터 19세기에 걸쳐 브뤼헤에서 만들어진 태피스트리나, 클라브생(쳄발로) 등의 악기류, 중세 동전 컬렉션 등을 전시하고 있다. 로데베이크는 장서가이자 채색 사본 수집가로도 유명했다. 그 컬렉션 일부도 동 저택에서 볼 수 있다.

한편 블라델린 저택Hof Bladelin은 브뤼헤 중심에 위치한 대광장(흐로터 마르크트) 북동 방면의 상업 지구 일각에 있다. 이 저택은 도시의 회계 관리이며, 나중에 부르고뉴 공작 필리프 르 봉의 브뤼헤 궁정Prinsenhof 재무 관리자를 역임하는 피터르 블라델린(1410~72)이 1435~40년에 지은 것이다. 첨탑과 플랑드르풍 박공牔栱, 합각지붕 끝머리에 'ㅅ' 모양으로 붙인 널빤지-역자 주을 가진 이 호화로운 후기 고딕 양식 저택은 그 후 1466년에 피렌체 메디치 은행의 브뤼헤 지점으로 사용되면서, 중정 부분이 이탈리아 르네상스풍으로 개장되었다. 1469년에는 피에로 데 메디치의 아들 로렌초와 그의 아내 클라리체 오르시니의 초상이 중정에 면한 벽에 장식된다.

블라델린은 부르고뉴 공작 필리프에게 중용되어 궁정 관리로서 재정·외교 양면에서 활약한 인물이다. 만년에는 브뤼헤에서 동쪽으로 20km 떨어진 그의 소령 안에 그 자신이 건설한 소도시 미델뷔르흐로 이주했다. 브뤼헤 시내에 있는 그의 저택은 1472년에 메디치 은행에 매각되어, 당시 메디치 은행의 브뤼헤 지배인이던 톰마소 포르티나리가 이후 반세기에 걸쳐 거주한다. 그 후 이 저택은 황금양모 기사단 멤버의 일원이었던 판 피엔 가문에서 구입하여, 근대에 신고전주의 양식의 예배당이 추가되는 등 여러 가지 개장을 거치며 현재까지 남았는데, 브뤼헤에서 이탈리아 르네상스의 분위기를 느낄 수 있는 몇 안 되는 건물이다.

맺음말

지금까지 여덟 개 장에 걸쳐 중세 유럽 농촌과 도시의 일상생활을 엿보게 해주는 여러 가지 시각 자료를 소개하면서 사람들의 생활을 살펴보았다. 중세라는 시대에 기술되고, 그려지고, 보존되어 온 채색 사본이나 공문서만이 아니라 현재까지 남아 있는 중세 농촌과 도시의 가옥 및 다양한 유구遺構의 사진을 저자 자신이 직접 촬영한 것도 포함하여 첨부했으니, 중세 유럽 서민의 모습과 그들이 생활하던 환경을 이미지하는 데 도움이 되셨으리라 생각한다. 중세 유럽 사회는 세 가지 신분(기도하는 자, 싸우는 자, 일하는 자)으로 나뉘어져 있었지만, 그중에서도 인구의 대다수를 차지한 '일하는 자' 즉 농민과 상공업자의 모습에 초점을 맞춤으로써, 전근대 유럽 사회의 풍경을 떠올릴 수 있으셨다면 무엇보다 기쁠 것이다. 국왕과 귀족의 생활의 장이 되었던 성에 관해서는 다른 책에서 별도로 다룰 예정이므로, 이 책에서는 생략했다. '기사'에 관해서는 가와데쇼보신샤河出書房新社에서 출간된 이케가미 슌이치의『도설 기사의 세계図説騎士の世界』를 참조하기 바란다.

사실, 인간이 매일 어떤 식으로 생활했는가 하는 일상생활의 상세한 재구성은 우리가 사는 현대의 것조차 그리 쉬운 일이 아니다. 평범한 일상 대부분이 기록되지 않는다는 사실은 우리가 매일

보내는 생활을 돌아보기만 해도 명백할 것이다. 일기를 꼼꼼히 쓰는 사람도 하루하루 일어나는 모든 사건을 기록하기란 불가능하다. 따라서 우리가 먼 과거 세계 사람들의 생활을 자세히 재현하는 데는 자연히 한계가 있어, 어디까지나 그 생활의 한 단면을 남겨놓은 사료로부터 꺼내와 얼마 안 되는 사상事象을 논하는 것에 지나지 않는다.

그렇지만 이 책에서 주로 다룬 중세 전성기 이후의 유럽 세계는 일본사로 따져보자면 가마쿠라鎌倉 시대부터 무로마치室町 시대에 해당하여, 일본에서나 유럽에서나 무사와 기사라는 전사 계급이 권력을 잡는 동시에, 농민과 상공업자도 활발히 활동했던 약동의 시대였다. 비교사의 관점에서 보아도, 유럽 중세에 관하여 무수히 남아 있는 시각 사료를 통해 이 시대의 모습을 재현하려 하는 것은 의의 있는 일이라 할 수 있다. 일본의 중세에 관해서도 마찬가지 도해 시리즈가 간행되기를 기대해본다.

또한 최근 십수 년 사이에 사료의 디지털화와 인터넷상에서의 공개가 진행되는 가운데, 중세 유럽의 시각 사료 정리와 해독에 있어 뚜렷한 진전이 보이는 한편, 중세고고학과 일상생활사에 관한 문헌도 크게 늘어났다. 이 책도 그러한 안팎의 성과에 힘입은 바가 크다 하겠다.

이 책은 가와하라 아쓰시河原温와 호리코시 고이치堀越宏—의 공동 집필로, 제1부는 호리코시, 제2부는 가와하라가 담당했으며, 제3부 제7장은 가와하라, 제8장은 호리코시가 주로 담당했다. 또한 집필이 당초 예정보다 크게 늦어졌음에도 불구하고 이 책을 출판하는 데 있어서는 기획 단계부터 가외데쇼보신샤 편집부의 와타나베 후미에渡辺史絵 씨에게, 그리고 그 뒤를 이어 이와사키 나나岩崎奈菜 씨에게 큰 도움을 받았다. 글로 감사를 전하고 싶다.

가와하라 아쓰시
호리코시 고이치

참고문헌 · 도판 인용문헌 일람

- 아베 긴야阿部謹也 저, 『하멜른의 피리 부는 사나이-전설과 그 세계ハーメルンの笛吹き男-伝説とその世界』, 지쿠마문고ちくま文庫, 1988년(초판, 헤이본샤, 1974)
- 아베 긴야 저, 『중세를 여행하는 사람들-유럽 서민 생활 점묘中世を旅する人びと-ヨーロッパ庶民生活点描』, 지쿠마학예문고ちくま学芸文庫, 2008년(초판, 헤이본샤, 1978)
- 아베 긴야 저, 『중세의 창에서中世の窓から』, 아사히신문사朝日新聞社, 1981년
- 이케가미 슌이치 저, 『시에나-꿈꾸는 고딕 도시シエナ-夢見るゴシック都市』, 주오코론신샤中央公論新社, 2001년
- 이노우에 야스오井上泰男, 『서양 문화의 조건西欧文化の条件』, 고단샤현대신서講談社現代新書, 1979년
- 가와하라 아쓰시 저, 『중세 유럽의 도시 세계中世ヨーロッパの都市世界』, 야마카와출판사山川出版社, 1996년
- 가와하라 아쓰시 저, 『브뤼헤-플랑드르의 빛나는 보석ブリュージュ-フランドルの輝ける宝石』, 주오코론신샤, 2006년
- 가와하라 아쓰시 저, 『도시의 창조력都市の創造力』(유럽의 중세ヨーロッパの中世 제2권), 이와나미쇼텐岩波書店, 2009년
- 기지마 슌스케木島俊介 저, 『유럽 중세의 사계ヨーロッパ中世の四季』 주오코론샤中央公論社, 1983년
- 기무라 쇼사부로木村尚三郎 저, 『서양 문명의 원상西欧文明の原像』, 고단샤학술문고講談社学術文庫, 1988년(초판, 고단샤講談社, 1974)
- 사토 쇼이치佐藤彰一, 이케가미 슌이치 저, 『서유럽 세계의 형성西ヨーロッパ世界の形成』(세계의 역사世界の歴史 제10권), 주코문고中公文庫, 2008년(초판, 주오코론샤, 1997)
- 시미즈 고이치로 저, 『중세 이탈리아 상인의 세계-르네상스 전야의 연대기中世イタリア商人の世界-ルネサンス前夜の年代記』, 헤이본샤라이브러리平凡社ライブラリー, 1993년(초판, 헤이본샤, 1982)
- 다카하시 도모코高橋友子 저, 『뒷골목의 르네상스路地裏のルネサンス』, 주코신서中公新書, 2004년

- 후카이 아키코深井晃子 감수, 『세계 복식사世界服飾史』, 비주쓰출판사美術出版社, 1998년
- 호리코시 고이치 저, 『중세 유럽의 농촌 세계中世ヨーロッパの農村世界』, 야마카와출판 사, 1997년
- 호리코시 고이치 저, 『물건과 기술의 변증법ものと技術の弁証法』(유럽의 중세 제5권), 이 와나미쇼텐, 2009년
- F. 이셔Francois Icher 저, 『그림으로 풀어보는 중세 유럽絵解き中世のヨーロッパ』, 하라쇼 보原書房, 2003년
- J. 베르동Jean Verdon 저, 『도설 밤의 중세사図説 夜の中世史』, 하라쇼보, 1995년
- J. & F. 기스Joseph & Franses Gies 저, 『중세 유럽 성의 생활中世ヨーロッパの城の生 活』, 고단샤학술문고, 2005년
- J. & F. 기스 저, 『중세 유럽 도시의 생활中世ヨーロッパの都市の生活』, 고단샤학술문고, 2006년
- J. & F. 기스 저, 『중세 유럽 농촌의 생활中世ヨーロッパの農村の生活』, 고단샤학술문고, 2008년
- J. & F. 기스 저, 『대성당·제철·수차-중세 유럽의 기술大聖堂·製鉄·水車-中世ヨーロッパ のテクノロジー』, 고단샤학술문고, 2012년
- J. & F. 기스 저, 『중세 유럽의 가족中世ヨーロッパの家族』, 고단샤학술문고, 2013년
- H. W. 괴츠Hans-Werner Goetz 저, 『중세의 일상생활中世の日常生活』, 주오코론샤, 1989년
- N. 곤티에Nicole Gonthier 저, 『중세 도시와 폭력中世都市と暴力』, 하쿠스이샤白水社, 1999년
- F. 자이브트Ferdinand Seibt 저, 『도설 중세의 빛과 그림자図説中世の光と影』 전2권, 하라쇼 보, 1996년
- H. 쉬퍼게스Heinrich Schipperges 저, 『중세의 환자中世の患者』, 진분쇼인人文書院, 1993년
- E. 슈베르트Ernst Schubert 저, 『이름 없는 중세인의 일상名もなき中世人の日常』, 야사카 쇼보八坂書房, 2005년
- G. 드쿠르Geneviève d`Haucourt 저, 『중세 유럽의 생활中世ヨーロッパの生活』, 문고크세 주文庫クセジュ, 하쿠스이샤, 1975년
- E. 파워Eileen Edna Power 저, 『중세를 사는 사람들中世に生きる人々』, 도쿄대학출판회東 京大学出版会, 1969년
- A. 프랑클랭Alfred-Louis-Auguste Franklin 저, 『배출하는 도시 파리排出する都市パリ』 유쇼 칸悠書館, 2007년

- C. 푸르고니Chiara Frugoni 저, 『로렌체티 형제ロレンツェッティ兄弟』, 도쿄서적東京書籍, 1994년
- C. 푸르고니 저, 『유럽의 중세 물건들-안경에서 나침반까지ヨーロッパ中世ものづくし-メガネから羅針盤まで』, 이와나미쇼텐, 2010년
- H. 플레티하Heinrich Pleticha 저, 『중세로의 여행·도시와 서민中世への旅·都市と庶民』, 하쿠스이샤, 2002년
- R. 포시에Robert Fossier저, 『유럽 중세 사회와 농민ヨーロッパ中世社会と農民』, 스기야마쇼텐杉山書店, 1987년
- E. 볼스Edmund A. Bowles 저, 『15세기의 음악 생활15世紀の音楽生活』(인간과 음악의 역사人間と音楽の歴史Ⅲ 제8권), 온가쿠노토모샤音楽之友社, 1986년
- A. 보르스트Arno Borst 저, 『중세의 거리에서-환경·공동체·생활 형식中世の巷にて-環境·共同体·生活形式』 전2권, 헤이본샤, 1986·1987년
- O. 보르스트Otto Borst 저, 『중세 유럽 생활지中世ヨーロッパ生活誌』 전2권, 하쿠스이샤, 1998년
- C. 메크제퍼Cord Meckseper, E. 슈라우트Elisabeth Schraut 공편, 『독일 중세의 일상생활ドイツ中世の日常生活』, 도스이쇼보刀水書房, 1995년
- M. 몬타나리Massimo Montanari 저, 『유럽의 식문화ヨーロッパの食文化』, 헤이본샤, 1999년
- S. 루Simone Roux 저, 『중세 파리의 생활사中世パリの生活史』, 하라쇼보, 2004년
- J. P. 르귀에Jean Pierre Leguay 저, 『중세의 가도中世の道』, 하쿠스이샤, 1991년
- E. 르 루아 라뒤리Emmanuel Le Roy Ladurie 저, 『몽타이유-피레네의 마을 1294~1324モンタイユー-ピレネーの村 1294~1324』 전2권, 도스이쇼보, 1990·1991년
- W. 로제너Werner Rösener 저, 『농민의 유럽農民のヨーロッパ』, 헤이본샤, 1995년
- B. 로리우Bruno Laurioux 저, 『중세 유럽·음식의 생활사中世ヨーロッパ·食の生活史』, 하라쇼보, 2003년

- Bartlett, R. (ed.), *Medieval Panorama*, Los Angeles, 2001. (R. 바틀렛『도해 유럽 중세 문화지 백과図解ヨーロッパ中世文化誌百科』전2권, 하라쇼보, 2008)
- Basing, P., *Trades and Crafts in Medieval Manuscripts*, London, 1990.
- Beck, P. (éd.), *Une ferme seigneuriale au XIVe siècle. La grange du Mont (Charny, Côte-d'Or)*, Paris, 1989.
- Beresford, M. W. & St Joseph, J. K. S., *Medieval England. An Aerial Survey*, Second Edition, Cambridge, 1979.
- Boglioni, P., Delort, R., Gauvard, C. (éd.), *Le Petit peuple dans l'Occident Médiéval*, Paris, 2002.
- Bouet, P. & Dosdat, M. (éd.), *Manuscrits et enlumiuures dans le monde normand (Xe-XVe siècles)*, Caen, 1999/2005.
- Bousmanne, B. & Delcourt, T. (éd.), *Miniatures flamandes, 1404-1482*, Paris, 2011.
- Brown, M. P., *The World of the Luttrell Psalter*, London, 2006.
- Cardini, F., *La société médiévale*, Paris, 2012.
- Carpentier, V., Ghesquière, E. & Marcigny, C., *Archéologie en Normandie*, Rennes, 2007.
- Cassagnes-Brouquet, S., *Les métiers au Moyen Âge*, Rennes, 2008.
- Cassagnes-Brouquet, S., *La vie des femmes au Moyen Âge*, Rennes, 2009.
- Cazelles, R., *Les très Riches Heures du duc de Berry*, Lausanne/Paris, 1988.
- Cazes, J. P., Aperçu sur les origines et la formation de quelques villages médiévaux en Lauragais, dans *Morphogenèse du village médiéval (IXe-XIIe siècles)*, Montpellier, 1996
- Chapelot J. & Fossier, R., *Le village et la maison au Moyen Âge*, Paris, 1980.
- Châtelet, A., *L'Âge d'or du manuscrit à peintures en France au temps de Charles VI et Les Heures du Maréchal Boucicaut*, Dijon, 2000.
- Collart, J. L. & Talon, M., *Fouilles et découvertes en Picardie*, Rennes, 2011.
- Comte. S., *Everyday Life in the Middle Ages*, Genève, 1978.
- Dalarun, J. (éd.), *Le Moyen Âge en lumière*, Paris, 2002.
- Delort, R., *Le Moyen Âge. Histoire illustrée de la vie quotidienne*, Lausanne, 1972.

- Delort, R., *La vie au Moyen Âge*, Lausanne, 1983.
- Démians d' Archimbaud, G., *Rougiers (Var). Village médiéval déserté*, Paris, 1987.
- Dubourg, J., *Bastides*, Rennes, 2004.
- Dyer, C., *Standards of Living in the later Middle Ages. Social Change in England c. 1200-1520*, Cambridge, 1989.
- Dyer, C., *Everyday Life in Medieval England*, London 1994, 2000, New York, 2000.
- Dyer, C., *Making a Living in the Middle Ages. The People of Britain 850-1520*, London, 2002/2003.
- Flandrin, J. L. & Lambert, C., *Fêtes gourmandes au Moyen Âge*, Paris, 1998.
- Furgoni, C., *A Day in a Medieval City*, Chicago, 2005
- Gautier, M. E. (éd.), *Splendeur de l'enluminure. Le Roi René et les livers*, Arles, 2009.
- Gousset, M. T., *Enluminures médiévales*, Paris, 2005.
- Hägelman, D., Verhulst, A., Schneider, R. e. a., *Het dagelijks leven in de Middeleeuwen*, Baarn, 2001.
- De Hamel, C., *Une histoire des manuscrits enluminés*, Paris, 1995.
- Hurard, S. & Cottiaux, R. (éd.), *Fouilles et découvertes en Île-de-France*, Rennes, 2013.
- Kühnel, H., *Alltag im Spätmittelalter*, Wine, 1984
- Lagorce, P., *Mémorie en images. Le pays de Beaulieu-sur-Dordogne*, Saint-Cyr-sur-Loire, 2006.
- Laurioux, B., *Le Moyen Âge á table*, Paris, 1989.
- Lefranc, R., *Le Palais des Papes d'Avignon*, Rennes, 2011.
- Le Goff, J., *Un Moyen Âge en images*, Paris, 2000.
- Le Goff, J., *Le Moyen Âge expliqué en images*, Paris, 2013.
- Leguay, J. P. Vivre en ville au Moyen Âge, Paris, 2006.
- Leguay, J. P. *Vivre dans les villes bretonnes au Moyen Âge*, Rennes, 2009.
- Mane, P., *La vie dans les campagnes au Moyen Âge à travers les calendriers*, Paris, 2004.

- Menez, Y. & Hinguant, S., *Fouilles et découvertes en Bretagne*, Rennes, 2010.
- Panouillé, J. P., *Les châteaux forts dans la France du Moyen Âge*, Rennes, 2003.
- Prin, R., *Aulnay d'ombre et de lumière*, [St-Simon de Pellouaille], 2009.
- Riis, T. (ed.), *Aspects of Poverty in Early Modern Europe*, Klett-Cotta, 1981.
- Schubert, E., *Essen und Trinken im Mittelalter*, Darmstadt, 2006.
- Singman, J., *Daily Life in Medieval Europe*, Westport/London, 1999.
- Sivéry, G., *Terroirs et communautés rurales dans l'Europe occidentale au Moyen Âge*, Lille, 1990.
- Starn. R., *Ambrogio Lorenzetti. The Palazzo Pubblico, Siena*, New York, 1994.
- Unterkircher, F., *Tacuinum sanitatis in medicina. Codex Vindobonensis Series nova 2644 der Österreichischen Nationalbibliothek*, Graz, 2004.
- Volpe, G., *La vita medioevale Italiana nella miniatura*, Rome, 1968.
- *Musée de Cluny*. A Guide, Paris, 2009.
- *Un village au temps de Charlemagne*, Paris, 1988.

저자소개

가와하라 아쓰시 河原 温

서장, 제2부, 제3부 7장 1 · 3~5절, 8장 2절, 칼럼 3~6 · 8 담당

1957년 도쿄 출생.

도쿄 대학 대학원 인문학 연구 서양사 전공 박사 과정 중퇴. 현재 수도 대학 도쿄首都大学東京 교수. 주 전공은 중세 저지대 국가를 중심으로 하는 도시사 및 사회사.

주요 저서로는 『중세 유럽의 도시 세계中世ヨーロッパの都市世界』(야마카와 출판사山川出版社), 『중세 플랑드르의 도시와 사회中世フランドルの都市と社会』(주오 대학 출판부中央大学出版部), 『브뤼헤ブリュージュ』(주코신서中公新書), 『유럽의 중세 2 - 도시의 창조력ヨーロッパの中世 2 都市の創造力』(이와나미서점岩波書店) 등이 있다.

호리코시 고이치 堀越宏一

제1부, 제3부 7장 2절, 8장 1, 3, 4절, 칼럼 1, 2, 7 담당

1957년 도쿄 출생.

프랑스 낭시 제2대학 대학원 역사학 박사과정 수료. 현재 와세다 대학 교수. 주 전공은 프랑스 중세 및 근세사.

주요 저서로는 『중세 유럽의 농촌 세계中世ヨーロッパの農村世界』(야마카와 출판사山川出版社), 『중세 유럽 생활지中世ヨーロッパ生活誌』(일본 방송 출판 협회日本放送出版協会), 『유럽의 중세 5 - 물건과 기술의 변증법 ヨーロッパの 中世 5 ものと技術の弁証法』(이와나미서점岩波書店)

역자 소개

남지연

인문학을 사랑하는 일본어 번역가. 한국외국어대학교 일본어과를 졸업하고 출판사에서 편집자로 재직하다 어린 시절부터 꿈이었던 프리랜서 번역가의 길에 들어섰다. 번역을 통해 외국의 유용한 정보와 지식을 국내 독자들에게 전달하는 데 보람을 느낀다. 독자들의 삶을 풍요롭게 하는 데 도움을 줄 수 있는 양질의 번역을 위해 오늘도 책을 읽으며 새로운 지식을 탐구하는 중이다.

옮긴 책으로는 『도감 무기 갑옷 투구』, 『잉카의 세계를 알다』, 『식물은 대단하다』, 『그림과 사진으로 풀어보는 알프스 소녀 하이디』 등이 있다.

중세 유럽의 생활

초판 1쇄 인쇄 2017년 12월 10일
초판 2쇄 발행 2021년 6월 1일

저자 : 가와하라 아쓰시, 호리코시 고이치
번역 : 남지연

펴낸이 : 이동섭
편집 : 이민규, 탁승규
디자인 : 조세연, 김현승, 김형주, 김민지
영업 · 마케팅 : 송정환, 조정훈
e-BOOK : 홍인표, 서찬웅, 유재학, 최정수, 심민섭
관리 : 이윤미

㈜에이케이커뮤니케이션즈
등록 1996년 7월 9일(제302-1996-00026호)
주소 : 04002 서울 마포구 동교로 17안길 28, 2층
TEL : 02-702-7963~5 FAX : 02-702-7988
http://www.amusementkorea.co.kr

ISBN 979-11-274-1161-9 03920

ZUSETSU CHUSEI EUROPE NO KURASHI
ⓒATSUSHI KAWAHARA, KOICHI HORIKOSHI 2015
Originally Published in Japan in 2015 by KAWADE SHOBO SHINSHA Ltd, Publishers, Tokyo.
Korean translation rights arranged with KAWADE SHOBO SHINSHA Ltd, Publishers, Tokyo
Through TOHAN CORPORATION, TOKYO.

이 도서의 국립중앙도서관 출판예정도서목록(CIP)은
서지정보유통지원시스템 홈페이지(http://seoji.nl.go.kr)와
국가자료공동목록시스템(http://www.nl.go.kr/kolisnet)에서 이용하실 수 있습니다.
(CIP제어번호: CIP2017030513)

*잘못된 책은 구입한 곳에서 무료로 바꿔드립니다.